Nelson

ACTUALITES IV

presse

Peter Dyson • Valerie Worth-Stylianou

Thomas Nelson and Sons Ltd
Nelson House   Mayfield Road
Walton-on-Thames   Surrey
KT12 5PL   UK

51 York Place
Edinburgh
EH1 3JD   UK

Thomas Nelson (Hong Kong) Ltd
Toppan Building 10/F
22A Westlands Road
Quarry Bay   Hong Kong

Thomas Nelson Australia
102 Dodds Street
South Melbourne
Victoria 3205
Australia

Nelson Canada
1120 Birchmount Road
Scarborough   Ontario
MK1K 5G4   Canada

© Valerie Worth-Stylianou, Peter Dyson 1991

First published by Thomas Nelson and Sons Ltd 1991

ISBN 0-17-401003-6

NPN 9 8 7 6 5 4 3 2 1

All Rights Reserved. No paragraph of this publication may be reproduced, copied or transmitted save with written permission or in accordance with the provision of the Copyright, Design and Patents Act 1988, or under the terms of any licence permitting limited copying issued by the Copyright Licensing Agency, 90 Tottenham Court Road, London W1P 9HE.

Any person who does any unauthorised act in relation to this publication may be liable to criminal prosecution and civil claims for damages.

Acknowledgements

The authors and publishers would like to thank the following for permission to use photographs: Agence France-Presse 5; Colorific Photo Library 19, 61; The J. Allan Cash Photolibrary 33, 47, 75

The authors and publishers are grateful to Antenne 2, *Le Figaro*, *The Independent* and *The Daily Telegraph* for permission to reproduce the materials in this book. Our thanks are due also to Josianne Parry for her expert advice on the typescript. Any remaining errors are our own responsibility.

Produced by AMR

Printed in Hong Kong

Contents

	Page
Introduction	4

L'éducation
1 L'organisation du bac	6
2 Formation et orientation	9
3 La pédagogie de l'école primaire	12
4 Le manque de professeurs	15

L'environnement
5 La pollution des rivières	20
6 La propreté des plages	23
7 Menaces écologiques	26
8 Ecologie et politique	29

Les transports
9 La prévention routière	34
10 Bison Futé	37
11 Les bouchons du ciel	40
12 Tracés du TGV	43

Le social et la santé
13 Réaménagement de la région parisienne	48
14 Les droits de l'enfant	51
15 La médecine en France	54
16 Infarctus – nouveaux traitements	57

La science et la technologie
17 L'informatique	62
18 Robots et puces	65
19 Le marché de la télématique	68
20 Les arts et les sciences	71

Le marché du travail et le commerce
21 Les employés des transports aériens	76
22 Le chômage	79
23 Sécurité et santé des employés	82
24 Vendre ses produits à l'étranger	85

Documents télévisés: Transcription — 88

Etudes grammaticales et lexicales: Clé — 100

Documents anglais
a Protesting pupils scorn a career in the classroom	102
b Heseltine wins EC reprieve on dirty beaches	103
c Zut! Very fast train stoppers	104
d Parisian cure for rush-hour blues	105
e Call for action on computer viruses	106
f Ready for a change	107

Introduction

Comment utiliser *Actualités, TV – Presse*?

La vidéocassette et le manuel *Actualités, TV – Presse* sont destinés aux étudiants de niveau avancé qui désirent perfectionner leur maîtrise de la langue française, tout en réfléchissant aux grandes préoccupations de nos jours. Nous vous présentons six champs thématiques: l'éducation, l'environnement, les transports, le social et la santé, la science et la technologie, le marché du travail et le commerce. Sous chaque rubrique, vous trouverez quatre Unités, comportant chacune un document télévisé et un article du *Figaro*, accompagnés d'exercices de grammaire, de vocabulaire et d'expression écrite et orale. A la fin des 24 Unités, nous vous proposons six articles tirés de la presse anglaise, qui traitent des mêmes champs thématiques, et qui sont accompagnés d'exercices d'interprétation et de traduction.

Voici quelques propositions pour exploiter *Actualités, TV – Presse*.

1 Documents télévisés

Ce sont des documents authentiques, selectionnés dans le *Journal de 20 heures* d'Antenne 2. Les étudiants qui n'ont pas l'habitude de regarder les informations françaises devront regarder chaque extrait plusieurs fois. Une fois qu'ils l'ont vu une ou deux fois, vous pourrez travailler sur la «Compréhension globale»: une ou deux questions permettant de cerner les informations essentielles. Ensuite, révisez le passage pour la «Compréhension approfondie»: des questions exigeant une compréhension plus précise. Avec des étudiants de niveau moins avancé, il sera utile de faire des arrêts sur l'image, ou de découper le document en plusieurs sections. Après avoir terminé les exercices de compréhension, les étudiants pourront consulter la transcription vers la fin du manuel, avant de regarder le document une dernière fois.

Pour assurer le passage de la compréhension à l'exploitation active des documents, nous proposons à l'étudiant plusieurs activités (la section intitulée «A vous maintenant!»). Celles-ci portent tantôt sur l'expression écrite, tantôt sur l'expression orale.

2 Articles de journal

Chaque Unité présente un article tiré du *Figaro*, sur un sujet ayant rapport à celui du document télévisé. L'article de journal vous permettra donc d'approfondir et de compléter le travail sur tel ou tel thème. Les exercices de compréhension sont conçus à deux niveaux: la «Compréhension globale», qui invite à une lecture rapide du texte pour en saisir les grandes lignes, et la «Compréhension approfondie», qui exige une étude détaillée de certains aspects du texte. La section «A vous maintenant!» demande à l'étudiant de s'exprimer à l'écrit ou à l'oral, les champs thématique et sémantique du texte étudié lui servant comme point de départ.

Pour les étudiants qui préparent un examen dans lequel ils devront faire une traduction, il serait utile de traduire quelques paragraphes de chaque article.

3 Comment dirais-je?

Cette section vise à une révision de certaines structures et locutions utilisées dans le document télévisé et dans l'article de journal. Il n'est évidemment pas question de proposer une revue de toute la grammaire française, mais plutôt de souligner telle structure que l'étudiant vient de rencontrer. Il s'agit dans chaque cas d'une explication, suivie de quelques exercices dans lesquels l'étudiant devra manipuler les structures et les locutions lui-même. A la fin du manuel nous proposons une «Clé» aux études grammaticales et lexicales.

Chaque Unité se termine sur une invitation à une réflexion personnelle sur les thèmes abordés (la section intitulée «En dernière analyse»). Les questions se prêtent soit à une dissertation, soit à un exposé ou un débat.

4 Documents anglais

Pour les étudiants souhaitant travailler dans un contexte bilingue, nous proposons six articles tirés de la presse anglaise, qui traitent des mêmes sujets qu'une des Unités dans chaque champ thématique. Nous vous conseillons d'aborder le document anglais à la suite de l'étude de l'Unité parallèle. De cette façon, l'étudiant pourra réemployer certaines structures et locutions qu'il aura rencontrées dans les documents français pour répondre aux questions sur le texte anglais.

L'éducation

Une Manifestation
des Lycéens

1 L'organisation du bac

Les élèves de terminale – la dernière classe des lycées français – passent le bac (= le baccalauréat) à la fin de l'année scolaire. Il s'agit d'un certain nombre d'épreuves portant sur plusieurs matières. Selon la série du bac (A, B, C, etc.) certaines options (la littérature, le droit, les maths, etc.) sont plus ou moins importantes. Tout le monde comprend le stress éprouvé par les candidats, mais il ne faut pas oublier non plus les organisateurs qui sont chargés du bon fonctionnement de la «machine du bac». En effet, les problèmes matériels, depuis la distribution des sujets jusqu'à la correction des copies, leur valent bien des soucis, comme l'expliquent les deux reportages de cette Unité.

Document télévisé

Regardez le reportage sur l'organisation du bac.

Compréhension globale

1. Qu'est-ce qui a provoqué cette crise?
2. Quelle différence y a-t-il entre l'organisation du bac en France et celle de l'équivalent dans votre pays?

Compréhension approfondie

1. Que se passera-t-il demain pour 480.000 élèves?
2. Combien de personnes travaillent à la «maison» du bac?
3. De quoi ces employés sont-ils responsables?
4. Pourquoi certaines options présentent-elles des difficultés exceptionnelles?
5. Qu'est-ce qui arrive quelquefois aux convocations?
6. Expliquez l'allusion à l'épée de Damoclès.
7. Quel service est offert par Antenne 2?

A vous maintenant!

1. Vous avez perdu votre convocation. Ecrivez une lettre à l'administration du bac pour expliquer les circonstances.
2. Vous êtes employé(e) au centre d'administration du bac. Vous voulez donner votre démission. Rédigez une lettre à votre directeur pour expliquer pourquoi vous voulez quitter votre emploi.

Article de journal

Lisez l'article sur les lycéens à l'épreuve du bac.

Compréhension globale

Faites un résumé de l'article en une seule phrase.

Compréhension approfondie

1. De quelles classes viennent les candidats pour l'épreuve de français? Et ceux qui doivent passer les maths et la physique?
2. Etant donné que cet article a été écrit en 1988, quand le bac a-t-il été inauguré?
3. Quel effet le bac a-t-il sur les lycées au mois de juin?
4. Pourquoi le coût du bac va-t-il augmenter?
5. Pourquoi les lycéens de Paris ont-ils dû voyager pour passer le bac?
6. Quels sont les autres problèmes d'organisation?
7. Quel est le rôle des professeurs?
8. Quelle réforme a-t-on proposée?

A vous maintenant!

1. Vous devez expliquer à des lycéens français l'organisation chez vous des examens nationaux. Que leur direz-vous?
2. A votre avis, quels sont les avantages ou désavantages du «contrôle continu»?

ÉDUCATION
650 000 lycéens à l'épreuve du bac

Les « trois jours » du bac ont commencé hier avec l'épreuve de français. Aujourd'hui et demain suivront les disciplines à fort coefficient.

Le 8 juin, à l'occasion de la très traditionnelle épreuve de philosophie, la lourde machinerie du bac s'était ébranlée. La voici en pleine action, depuis hier et jusqu'à vendredi, pour trois journées qui auront vu se succéder quelque 650 000 candidats : les uns, environ 442 500 élèves issus des classes de première de l'enseignement général ou technologique, subissaient, hier, l'épreuve anticipée de français. Tous les autres, élèves de terminale (des séries B, C, D, D' et E) sont conviés à « passer les maths » (aujourd'hui) et/ou « la physique » (demain). Autant de compositions à forts coefficients pour les intéressés, très forts effectifs pour les organisateurs de l'examen et lourde charge financière pour le ministère de l'Éducation nationale.

En fait, le mois de juin tout entier est sacrifié, dans des centaines de lycées publics — les épreuves ne peuvent pas être organisées dans des établissements privés — sur l'autel du sacro-saint diplôme.

Plus de quatre semaines durant, les écrits succèdent aux oraux, les exercices théoriques aux expériences pratiques, les tests obligatoires aux options pour que les 441 400 candidats de cette 181e session du bac (d'enseignement général, technologique ou professionnel) puissent faire la preuve de leurs talents.

Mais les « grandes classiques », que sont le français, la philosophie, les mathématiques et les sciences physiques, continuent de servir de référence quand vient le moment d'évaluer le système « bac ». Or, au ministère de l'Éducation nationale, l'ambiance n'est semble-t-il pas, cette année, à l'euphorie. La machine tourne. Mais « l'asphyxie » menace.

En 1986, la session a coûté quelque 125 millions de francs. Un chiffre promis à une substantielle et inéluctable inflation puisque le ministère de l'Éducation nationale s'est fixé pour objectif de conduire les trois quarts de chaque classe d'âge au niveau du bac d'ici à l'an 2 000. Dans cette perspective, les effectifs de candidats devraient à peu près doubler par rapport à ce qu'ils sont aujourd'hui (seuls 42 % d'une génération atteignent, actuellement, la classe de terminale).

Mozart assassiné

Or, la machine c'est tout cela (et même davantage) : réquisitionner des centaines de lycées, et à chaque session davantage — tant et si bien que, pour la première fois, cette année, des lycéens parisiens ont dû aller composer dans des établissements de banlieue — et des milliers de salles aux tables soigneusement rangées, dûment séparées et chacune d'entre elles numérotée.

Convoquer tous les candidats et contrôler leur identité, organiser la surveillance des épreuves, concevoir, imprimer, vérifier et acheminer, en toute sécurité, des centaines de milliers de sujets, puis de copies. S'assurer les services de milliers de correcteurs rémunérés — des professeurs d'ailleurs de plus en plus réticents, dont certains n'hésitent pas à « sécher » l'examen. Appeler autant d'autres enseignants, examinateurs des épreuves orales ou membres de jurys.

Mais nombre de voix de pédagogues s'élèvent pour dénoncer l'inefficacité du baccalauréat et prôner des contrôles de connaissances réguliers moins coûteux et qui refléteraient davantage les aptitudes et connaissances des candidats.

De multiples tentatives ministérielles ont déjà eu lieu qui visaient à revoir le bac. Dernière en date, celle de René Monory que la tourmente lycéenne et étudiante de l'hiver 1986 emporta avant même qu'elle ne voie totalement le jour.

Elle partait de la volonté d'instaurer un bac aux épreuves allégées, tenant compte des notes obtenues par le candidat lors du « contrôle continu » en classe. Le baccalauréat professionnel, inauguré en 1985, a toutefois marqué un grand pas dans ce sens.

Les élèves de première qui, hier après-midi, avaient à répondre de leurs savoirs littéraires n'étaient, eux, pas concernés par cette polémique. En Ile-de-France, ils se sont vu proposer trois sujets, au choix, comme il se doit. Une phrase d'Umberto Eco évoque le titre de son ouvrage, *« Le Nom de la rose »* et décrète : *« Un titre doit embrouiller les idées, non les embrigader »*. Les candidats devaient expliquer et discuter cette affirmation.

Suivaient deux textes. L'un de Jean Giono, extrait de *« Voyage en Italie »*, dans lequel l'auteur, depuis la terrasse d'un café vénitien, s'amuse de voir une assistance en ravissement réel ou feint devant des musiciens de rue assassinant Mozart. Une trentaine de lignes dont les élèves devaient faire un *« commentaire composé »*.

Enfin, un texte, à résumer et discuter, de Pierre Gascar, tiré de *« Dans la forêt humaine »*, traitant du rapport des hommes avec le temps et la recherche du passé.

B. S.

8 L'organisation du bac

Comment dirais-je?

Etude grammaticale

Dans le document télévisé, vous pouvez noter l'emploi du sujet «on» pour désigner un groupe de personnes qui n'est pas précisé.

a D'abord essayez de réécrire les phrases suivantes en remplaçant «on» par un sujet précis.

Exemple:

Pourquoi est-ce qu'on vous appelle, en gros?
Pourquoi est-ce que des candidats vous appellent, en gros?

1 On prépare des milliers de sujets.
2 On attend des millions de copies.
3 Si on vous demande le poste pour le tamoul au bac, vous savez répondre?
4 On manque de professeurs pour corriger les copies.

b Maintenant utilisez vous-même le sujet «on» pour réécrire ces phrases.

Exemple:

Antenne 2 propose tous les corrigés du bac.
On peut obtenir tous les corrigés du bac sur Antenne 2.

1 Il n'est pas facile de mettre le bac en place.
2 Il y a des crises de nerfs dans le service du bac.
3 De nouvelles options ont été créées pour certains candidats.
4 Les organisateurs reçoivent beaucoup de protestations.
5 Plus de 12.000.000 de copies ont été imprimés.

Etude lexicale

a Dans le texte du *Figaro* vous trouverez un certain nombre de noms pour parler des examens. Voici quelques définitions: trouvez les termes employés dans l'article qui y correspondent.

1 celui qui passe un examen
2 un examen
3 type d'examen dans lequel vous devez parler
4 la question posée à l'examen
5 la feuille sur laquelle on écrit ses réponses
6 type d'exercice qui demande à l'élève de faire l'analyse d'un texte littéraire

b Dans les deux reportages sur le bac vous trouverez également certains verbes pour parler de chaque étape de l'examen. Vous faites une enquête sur le déroulement des examens dans votre établissement. Utilisez les verbes et les formes interrogatives qui sont indiqués pour préparer vos questions.

Exemple:

Combien/ corriger
Combien de copies chaque professeur doit-il corriger?

1 Qui/surveiller
2 Quand/passer
3 Où/composer
4 Combien/être reçu(s)
5 Est-ce que/convoquer
6 Pourquoi/protester

En dernière analyse

D'après ces deux reportages, quelles comparaisons peut-on faire entre le bac français et les examens que vous devez passer dans votre pays? Essayez de commenter les mérites et les défauts de chaque système.

2 Formation et orientation

Quel est le but de l'éducation selon vous? Existe-t-il par exemple un lien entre les études que vous faites actuellement et la carrière que vous proposez de suivre plus tard? Ce n'est pas le cas pour tout le monde. Notre premier document s'interroge sur le sort des jeunes gens qui ont quitté l'école sans diplômes. Certains parmi eux choisissent néanmoins de tenter leur chance une deuxième fois, avec les contrats-formation. Dans un deuxième temps, l'article du *Figaro* s'adresse surtout aux lycéens et aux étudiants désireux de connaître leurs aptitudes pour certains débouchés professionnels. Bref, les deux reportages démontrent que l'éducation et la vie professionnelle peuvent se compléter.

Document télévisé

Regardez le reportage sur les contrats-formation.

Compréhension globale

1. Que sont les contrats-formation?
2. Comment sont les jeunes personnes qui suivent ce type de formation?

Compréhension approfondie

1. Que faisait François Mitterrand à l'occasion de sa visite à Meaux?
2. Ces mesures de formation sont destinées à qui?
3. Quelles matières sont testées par le professeur?
4. Est-ce que les diplômes sont importants pour ceux qui suivent ce stage?
5. Quelle caractéristique doit distinguer le crédit-formation des autres stages?
6. Quelle sorte de contrat a-t-on proposée à Eric Pastor?
7. Eric Pastor fait quelle comparaison entre ce stage et l'école?
8. Quand pourra-t-on juger de l'efficacité de ces contrats-formation?

A vous maintenant!

1. Vous devez interviewer Eric Pastor à la fin de son contrat-formation. Faites une liste de six questions que vous aimeriez lui poser.
2. Vous devez donner conseil à un(e) jeune ami(e) français(e) qui a quitté l'école à seize ans, sans diplômes, et qui s'est vite retrouvé(e) au chômage. Vaut-il la peine de suivre un stage-formation? Sous quelles conditions?

Article de journal

Lisez l'article sur l'opération orientation.

Compréhension globale

1. Quel est le but de l'opération orientation?
2. Quelles catégories de tests sont mentionnées?

Compréhension approfondie

1. *Le Figaro* organise cette opération depuis combien d'années?
2. Qui peut en bénéficier?
3. Combien doit-on payer pour y participer?
4. Où les tests se passent-ils?
5. A part cette opération, que fait *Le Figaro* pour aider les étudiants?
6. Donnez la définition d'un «chasseur de têtes» dans le contexte de l'article.
7. Est-il vrai que les tests sont utiles uniquement aux jeunes qui sont en train de chercher un emploi?

A vous maintenant!

1. Aimeriez-vous avoir la possibilité de passer les tests de l'opération orientation? Préparez une liste des avantages (et des désavantages si vous en voyez).
2. Essayez de préparer un test de «personnalité» pour mesurer la personnalité du candidat en situation sociale.

8ᵉ année
Opération orientation
organisée par « Le Figaro » et l'École des cadres

Orientation professionnelle (pour les bacheliers) : c'est le thème d'une importante opération, organisée du 16 au 23 juillet par « Le Figaro », conjointement avec une grande école, l'École des cadres.

Mille tests d'orientation professionnelle pour les jeunes : c'est ce que *Le Figaro,* conjointement avec une grande école, l'École des cadres, offre à ses lecteurs pour la huitième année d'affilée, du 16 au 23 juillet. Une opération de grande ampleur, unique en son genre, et dont plusieurs milliers de jeunes ont déjà pu apprécier l'utilité. Les bénéficiaires peuvent être des élèves de première, des bacheliers, des étudiants des universités ou des classes préparatoires aux grandes écoles. En remplissant et en expédiant l'un des bulletins d'inscription qui seront publiés dans les prochains jours, ils seront admis à passer, gratuitement, des tests comparables à ceux qui permettent aux entreprises de recruter les jeunes diplômés. Ces tests, organisés par des spécialistes, se dérouleront dans les locaux de l'École des cadres.

Personnalité

Les avantages de cette opération sont multiples : les participants sauront avec précision quelles seraient leurs chances d'embauche s'ils devaient se présenter immédiatement sur le marché du travail. Surtout, les tests leur permettront d'évaluer la qualité de leur formation. Et, sur le plan psychologique, de définir leur profil et leur motivation, donc de prendre conscience de leurs points forts, de leurs points faibles et, si cela s'avère souhaitable, de modifier leur orientation en conséquence.

Un premier test porte sur « la personnalité du candidat en situation sociale » : il s'agit de mesurer des traits tels que, l'extraversion, l'image de soi, la moralité, l'anticonformisme, la vision du monde et des êtres, la confiance en soi, la maîtrise des émotions, la tolérance, etc.

Les résultats sont confrontés à ceux d'un deuxième test graphologique, qui permet de voir s'il y a correspondance entre la personnalité privée et la personnalité sociale, et donc si l'équilibre et la maturité du candidat sont satisfaisants. Une autre épreuve porte sur le niveau d'expression écrite, auquel nombre d'employeurs se montrent particulièrement sensibles. En ce qui concerne l'orthographe, le score « est fonction du nombre de mots d'un récit. Le vocabulaire est comparé au vocabulaire standard et l'originalité des termes n'est reconnue que si leur emploi est judicieux ».

D'autres tests permettent de mesurer les « tendances à la variation, l'imagination et la sensibilité » des étudiants. Une synthèse des différents résultats permet de porter un diagnostic et de donner des conseils d'orientation aux jeunes.

Cette opération est conforme aux traditions du *Figaro,* qui s'est toujours efforcé d'aider les étudiants, en leur fournissant des renseignements pratiques dans le cadre de ses pages éducation, en publiant à leur intention des annonces d'offres d'emplois gratuites et en accordant des bourses d'études.

Bilan d'insertion

L'École des cadres, établissement privé d'enseignement qui se présente comme « l'école de l'entreprise » et qui vise à former des jeunes cadres de gestion immédiatement utilisables par les entreprises à partir du niveau du baccalauréat, est la première grande école à avoir intégré, dans ses procédures d'admission, les tests utilisés par les directeurs de personnel et les « chasseurs de têtes » de l'industrie et du commerce.

Cette opération commune *Le Figaro*-École des cadres permet aux jeunes lecteurs d'établir — « à blanc » — leur bilan d'insertion professionnel, qu'ils envisagent ou non la recherche immédiate d'un emploi.

---

(1) *École des cadres, 70, galerie des Damiers, La Défense, 92400 Courbevoie. Tél. : 47.73.63.41.*

Des bulletins d'inscription seront publiés prochainement.

Comment dirais-je?

Etude grammaticale

Le document télévisé nous invite à revoir la distinction entre le passé composé et l'imparfait. Le passé composé indique normalement une action qui s'est accomplie une seule fois et qui s'est terminée à un moment précis:

*Il y a deux ans **j'ai loupé** mon BEP.*
*Il **s'est vu** proposer un contrat de formation.*

L'imparfait indique soit une action en voie d'accomplissement (mais pas encore achevée), soit une action qui s'est répétée plusieurs fois. C'est ce deuxième emploi de l'imparfait qui est illustré dans le document télévisé:

*Ces jeunes **se retrouvaient** toujours dans la même situation.*
*A l'école si on **disait** ça, on **se prenait** des heures de colle.*

Voici quelques indications sur une jeune personne qui veut s'inscrire pour un contrat-formation. Vous devez faire un rapport sur la carrière de cette personne. Distinguez bien entre l'emploi du passé composé et celui de l'imparfait en rédigeant votre rapport.

Sabine DUVAL

1971	Née à Marne-la-Vallée
1975-77	En Algérie, chez sa grand-mère
1977-81	Bonne élève à l'école primaire Jules Ferry, Loches
1981-87	Elève très moyenne au CES Renaud, Loches
1982	Mort du père
1984	Mère hospitalisée
1986	Arrêtée par la police pour vol d'un appareil-photo
1987	au chômage
1989	Poste de caissière à Poitiers à «La maison du printemps»
1990	licenciée – «La maison du printemps» fermée
1991	au chômage

Etude lexicale

a Vous voulez faire le bilan de vos aptitudes professionnelles et personnelles! Etudiez le vocabulaire de l'article du *Figaro*, et remplacez les mots soulignés par une autre locution.

1 Evaluez <u>dans quelle mesure votre éducation a été réussie</u>.
2 Analysez <u>la façon dont vous vous exprimez à l'écrit</u>.
3 Quels sont <u>vos défauts</u>?
4 Evaluez <u>dans quelle mesure vous savez ne pas vous emporter</u>.
5 Jugez <u>de votre dynamisme en situation sociale</u>.

b Maintenant, définissez et illustrez les traits suivants.

1 la confiance en soi
2 la maturité
3 la sensibilité
4 l'anticonformisme

En dernière analyse

1 Les diplômes ont-ils trop d'importance dans notre société actuelle?
2 Décrivez les services d'orientation proposés par votre établissement. Comment les trouvez-vous?

3 La pédagogie de l'école primaire

La scolarité est obligatoire en France à partir de l'âge de six ans, c'est-à-dire à partir de l'école primaire, mais la plupart des enfants vont à l'école maternelle dès trois ou quatre ans. Les spécialistes de l'éducation s'interrogent toujours sur la meilleure manière d'enseigner les petits enfants. Vaut-il mieux ou non séparer les plus faibles et les plus forts? C'est le sujet de notre premier reportage. Quant aux parents français, une longue tradition veut qu'ils encouragent leurs enfants à faire des devoirs de vacances pendant l'été. Avec les nouvelles initiatives des éditeurs scolaires, les cahiers de vacances sont plus gais, comme le découvre *Le Figaro*.

Document télévisé

Regardez le reportage sur la nouvelle politique pour l'école primaire.

Compréhension globale

Quel est l'élément le plus important de cette nouvelle politique?

Compréhension approfondie

1. Qui sont les «chères têtes blondes» dont on parle?
2. Faites une liste des changements annoncés.
3. En quoi les enseignants ont-ils un choix?
4. Quelles sont les matières pour lesquelles les élèves restent ensemble?
5. Quel serait l'avantage de la division en groupes?
6. Que veut dire la phrase «le système... est très bien rodé»?
7. Qu'est-ce qui indique que le système n'est pas facile à appliquer?
8. De quoi les enseignants ont-ils besoin?

A vous maintenant!

1. Sujet de débat: Est-il avantageux d'organiser l'enseignement par groupes, selon la capacité des élèves, ou devrait-on garder les élèves ensemble pour des raisons sociales?
2. Vous êtes parent(e) d'un élève à l'école primaire. Vous venez de recevoir une lettre du directeur qui demande votre avis sur l'ouverture de l'école le samedi matin. Ecrivez votre réponse.

Article de journal

Lisez l'article sur les cahiers de vacances.

Compréhension globale

Ayant lu cet article, quel conseil donneriez-vous à un parent qui se demande s'il devrait acheter des cahiers de vacances pour ses enfants qui sont à l'école primaire?

Compréhension approfondie

1. Est-ce que les enseignants approuvent les devoirs de vacances?
2. Comment les éditeurs ont-ils réagi à ce renouvellement d'une tradition?
3. Quelles sont les deux conditions pour le succès des cahiers de vacances du point de vue des enfants?
4. Est-il utile de laisser les pages de corrigés dans les cahiers?
5. Est-ce que les enfants suivent les conseils des enseignants qui leur proposent les devoirs de vacances?
6. Quels problèmes ne peuvent pas être résolus par les devoirs de vacances?
7. Combien de temps doit-on consacrer aux devoirs de vacances?
8. Quelles sont les matières les plus demandées?
9. Que font les éditeurs pour motiver les enfants?

A vous maintenant!

En 100 mots, rédigez une annonce publicitaire pour un cahier d'anglais.

La pédagogie de l'école primaire

ÉDUCATION

Le retour des devoirs de vacances

Boudés depuis de nombreuses années, les cahiers de vacances connaissent un retour en vogue, et les éditeurs rivalisent d'originalité.

Six millions de cahiers vendus l'année dernière pour treize millions d'écoliers, collégiens et lycéens. Et, cet été, la tendance ne devrait pas s'infléchir. Les devoirs de vacances font décidément belle recette. Fini le temps où la mode pédagogique était au laisser-faire, où les instituteurs et professeurs reniaient toute vertu à ces exercices estivaux. Ou bien n'osaient pas les recommander, par crainte de se faire montrer du doigt par leurs collègues...

En fait, depuis 1976, les familles ont renoué avec la tradition. *« Aujourd'hui, c'est près d'une famille sur deux qui achète des cahiers de vacances pour ses enfants »*, assure Mireille Maurin, directrice d'édition chez Hachette. Les éditeurs scolaires ont d'ailleurs volontiers concouru à cette renaissance et presque tous se sont lancés sur ce marché, rivalisant d'originalité pour séduire la clientèle. Les cahiers de vacances sont devenus plus colorés les uns que les autres, animés par des dessins, etc. Toutefois les professionnels savent bien que ce marché *« est arrivé à saturation »*.

Pages de corrigés

Mais qu'advient-il de ces cahiers quand l'été tire à sa fin ? Auront-ils été soigneusement remplis par les enfants ? Ou bien n'auront-ils été que la bonne conscience des élèves (et de leurs parents), les bonnes résolutions d'avant les vacances étant bien vite oubliées au profit de jeux et lectures jugés plus estivaux ? Difficile d'établir de véritables statistiques. Du moins peut-on s'assurer de quelques conseils avant le grand départ...

« Je ne suis pas une fanatique de ce système parce qu'il entretient de grandes illusions, explique, d'entrée de jeu, Monique de la Forest, psychologue à l'Ecole des parents et des éducateurs, une association au service des familles. *Car, il faut bien s'en persuader : si l'enfant n'est pas convaincu de ce qu'il a besoin de travailler pendant les vacances, il ne fera rien ou n'avancera pas... »* Pas facile de charmer un bambin de six ans ou même un préadolescent de onze ans jusqu'à l'assurer qu'une heure passée à étudier équivaut bel et bien à une heure de moins sur la plage mais représente aussi une heure de gagnée à la prochaine rentrée ! L'équation est longue et laborieuse à présenter. La tâche ne semble pas plus aisée auprès des aînés.

Et Françoise Angoulvant, professeur de mathématiques dans un lycée parisien, assure que *« sans un climat familial studieux, le lycéen aura bien du mal à se concentrer »*.

Le rôle des parents est donc primordial. Pas question de se transformer en tyrans au risque d'ailleurs de provoquer une réaction inverse à celle espérée et de voir son enfant fuir vers d'autres cieux. Mais les parents doivent se montrer vigilants. Aider l'enfant aussi quand c'est possible. Effectuer avec lui les corrigés des exercices par exemple. Nombre de cahiers sont d'ailleurs construits de telle manière que les pages de corrigés peuvent être détachées et conservées par le « guide » parental.

C'est heureusement *« dans les petites classes que les devoirs d'été sont le mieux acceptés*, constate Colette Béguet, institutrice dans un cours préparatoire de Paris. *Car les enfants ont en général une grande confiance en leur maître. Et lorsque celui-ci a conseillé d'effectuer des devoirs de vacances, ils obtempèrent sans rechigner »*. Paradoxalement, Colette Béguet ne donne pas de devoirs de vacances à ses élèves. Elle préfère leur remettre un roman ou un conte de fées qu'ils doivent lire au cours de l'été. Mais cette institutrice avertie l'assure : *« Tous les enfants ont besoin d'entretenir leurs connaissances pendant la longue coupure des vacances. Même les forts en thème. »*

De là à croire que les seuls cahiers de vacances peuvent suppléer toutes les lacunes d'une année scolaire, il y a un pas que nul pédagogue ne saurait franchir. Pas plus que les révisions de l'été ne peuvent résoudre, d'un coup d'un seul, toutes les difficultés d'un écolier. En tout cas, lorsqu'elles prennent leurs racines dans des problèmes psychologiques, comme c'est parfois le cas. *« Si un enfant est en situation d'échec pour des raisons psychologiques, on ne voit pas pourquoi les vacances changeraient cet état de fait »*, poursuit Monique de la Forest. A moins que la famille ne profite de l'été pour « traiter » à la fois ces problèmes et ses difficultés scolaires.

Dans tous les cas de figure, l'investissement ne sera rentable qu'à raison de cinq semaines de travail au minimum. L'élève devra, chaque jour, effectuer les exercices contenus sur une double page de cahier. Un effort certain. Mais après tout une « seule » demi-heure d'étude quotidienne. Pas de quoi gâcher des vacances !

Logiciel de math

La tâche des enseignants comme celle des parents est toutefois facilité par l'aspect très ludique des cahiers de vacances. Toutes les grandes maisons d'édition rivalisent d'originalité pour séduire bambins et adolescents. Indétrônables, le français, les mathématiques et les langues demeurent les matières les plus demandées.

Hachette, leader avec sa collection « Passeport » (il occupe les deux tiers du marché), invite tous les élèves au dépaysement. Pour le primaire, Nathan a créé sept cahiers en quadrichromie intitulés « Nathan vacances » et pour les collégiens et lycéens propose « En route », des cahiers associés à des cassettes audio pour la pratique des langues. Vuibert et Hatier proposent également des cahiers de révisions et préparation à la classe supérieure tout aussi perfectionnés. Quant à l'inventeur du cahier de vacances, Magnard, il couvre tout le champ des enseignements élémentaires.

Même les informaticiens en herbe que sont devenus nombre d'écoliers n'ont plus de prétexte pour échapper aux devoirs de vacances. Bordas leur propose, cette année, un logiciel de mathématiques qui leur permettra de préparer une bonne rentrée...

C. J.

La pédagogie de l'école primaire

Comment dirais-je?

Etude grammaticale

Les auteurs des deux reportages font plusieurs comparaisons. Etudiez les formes comparative et superlative des adjectifs en français. Vous remarquerez que l'adjectif s'accorde avec la personne ou l'objet désigné.

*Les cahiers de vacances sont devenus **plus colorés** les uns que les autres.*
*La tâche ne semble pas **plus aisée** auprès des aînés.*
***Les plus faibles** vont chez Marie-Catherine.*
***Les moins doués** ont toutes les chances de rattraper le niveau de la classe.*

Voici quelques statistiques sur la première classe de trois écoles primaires. Comparez les profils de ces écoles, en vous servant des formes comparatives ou superlatives des adjectifs suivants.
faible, fort, motivé, nombreux, traditionnel, vigilant

	EP Amyot	EP Cartier	EP Zola
nombre d'enfants dans la classe	27	24	29
moyenne (sur 20) en maths	11	12	9
moyenne (sur 20) en français	10	11	10
moyenne (sur 20) en musique	10	8	12
nombre d'heures par semaine en groupes répartis selon le niveau des élèves	8	14	0
% de parents assistant aux conseils de classe	48%	75%	55%
heures supplémentaires effectuées par le professeur par semaine	6	5	4

Etude lexicale

Dans ces deux reportages il est question des changements pédagogiques qui touchent les élèves des écoles primaires. Etudiez le vocabulaire relatif à ce sujet afin de trouver des locutions pour remplir les blancs dans les phrases suivantes.

1 Tous les éditeurs scolaires_____ sur le marché des nouveaux cahiers de vacances.

2 Il y aura deux cycles de trois ans_____ un seul cycle de six ans.

3 Les éditeurs veulent profiter de la_____ des cahiers de vacances.

4 La suppression des cours du samedi matin a déjà été_____ dans certaines écoles.

5 Depuis les années 1970 les cahiers de vacances sont devenus moins sérieux, plus_____

6 C'est une école dynamique, qui cherche à_____ sans attendre les décisions du ministère.

En dernière analyse

L'éducation d'un enfant est-ce la responsabilité de l'école, ou dans quelle mesure les parents doivent-ils jouer un rôle également?

4 Le manque de professeurs

Depuis un certain temps on constate un manque de professeurs dans certaines régions de la France. Il faut savoir que pour les écoles maternelles et primaires le recrutement des enseignants est organisé au niveau du département par l'académie (autorité responsable de l'enseignement). Un instituteur suit normalement deux ans d'études à l'université avant de faire un stage pratique sous l'égide d'une école normale. Pour les écoles secondaires, par contre, les professeurs sont normalement sélectionnés par le moyen de concours nationaux. Ceux qui sont reçus à l'examen peuvent être nommés dans tout département où il manque des professeurs. Or, l'Education nationale et les académies font face à plusieurs problèmes. Dans un premier temps (document télévisé) comment remplacer les professeurs absents? Et dans un deuxième temps (article du *Figaro*) comment attirer plus de candidats vers des régions considérées comme moins attractives?

Document télévisé

Regardez le reportage sur l'absentéisme des professeurs.

Compréhension globale

1 Qu'arrive-t-il aux classes quand les professeurs sont absents?
2 Expliquez le mécontentement des professeurs.

Compréhension approfondie

1 Est-ce que les professeurs sont plus absents qu'auparavant?
2 Quelle a été la réaction des parents à La Garenne-Colombes?
3 Que s'est-il passé quand les parents sont arrivés à l'école?
4 Quel est le problème à l'école de la rue Houdon?
5 Quelle décision est prise par le Conseil des maîtres? Pourquoi?
6 Comment le Syndicat des instituteurs explique-t-il le manque de remplaçants?
7 Quels sont les problèmes évoqués par le directeur de l'école Houdon?
8 Combien de professeurs sont absents, surtout l'hiver?

A vous maintenant!

1 Vous êtes reporter et vous devez interviewer un des parents qui a protesté à La Garenne-Colombes, ainsi que le directeur. Préparez une liste de six questions pour chaque interview.

2 Dans votre école, un professeur est absent depuis trois semaines et n'est toujours pas remplacé. Comment voyez-vous la situation?

Article de journal

Lisez l'article sur le manque d'instituteurs.

Compréhension globale

1 Quel déséquilibre discerne-t-on entre les préférences des candidats et les régions d'où ils viennent?
2 En général, quelles sont les conséquences déplorables de cette situation?

Compréhension approfondie

1 Comment fait-on la sélection des futurs enseignants?
2 Quelle est la date limite pour l'enregistrement?
3 Combien de candidats y a-t-il par poste?
4 Quelle âge les candidats doivent-ils avoir?
5 Pourquoi les départements du Nord sont-ils moins populaires?
6 Sous quelles conditions offre-t-on des bourses d'études?
7 Que fait-on dans le cas des candidats qui se présentent au dernier moment?
8 Les enseignants sont-ils prêts à changer de poste?

➡ p. 17

ÉDUCATION

Les écoles normales manquent d'instituteurs

Le métier d'instituteur ne tente pas les étudiants. La région parisienne et le nord de la France sont particulièrement touchés par cette crise des vocations.

Académie de Créteil cherche élèves-instituteurs... désespérément. Et ainsi de suite, dans les départements du nord et de l'est de la France où le métier d'instituteur fait bien maigre recette auprès des étudiants. Dans ces régions, on ne se bouscule pas aux portes d'entrée des écoles normales d'instituteurs. C'est le moins qu'on puisse dire : dans le pire des cas de figure, qu'hélas il faut envisager, il y aura moins de deux candidats par poste ouvert aux concours, qui se dérouleront en septembre prochain.

Correcteurs et examinateurs auront donc un choix restreint. Mais les écoles primaires ont besoin de maîtres. La lancinante question se reposera donc : faut-il recruter autant d'élèves qu'il y a de postes ouverts au concours, au risque de retenir des candidats de niveau moyen voire médiocre ? Ou bien, faut-il conserver les mêmes exigences de qualité quitte à laisser des postes vacants ? Ainsi en va-t-il, chaque année, depuis des décennies dans ces académies jugées peu attractives par la gent enseignante : Amiens, Lille, Reims et Rouen, Nancy-Metz ainsi que la couronne parisienne.

Bien sûr, les registres d'inscriptions aux concours ne sont pas encore clos (dans la plupart des départements, les candidatures sont possibles jusqu'à la fin juillet voire la mi-août). Or, sur le plan national, quelque 27 000 personnes suivent déjà les préparations aux concours organisées à leur intention. Et encore la tradition veut-elle que nombre d'autres candidats postulent, au dernier moment, sans avoir profité d'aucune formation spéciale. La physionomie du concours 1988 de recrutement ne semble donc pas disgracieuse.

Avec 5 900 postes mis au concours, les statistiques nationales pourraient espérer passer le cap des cinq candidats par poste. Il en était quasiment de même l'année dernière après que le ministère de l'Éducation nationale – alors dirigé par René Monory – a mené une grande campagne de promotion pour la profession d'instituteur et porté jusqu'à 40 ans la limite d'âge des candidats. L'hémoragie enregistrée pendant plusieurs années semble oubliée.

La frontière de la Loire

Ces données doivent toutefois être corrigées. Car nombre d'inscrits ne se présentent finalement pas le jour de l'examen. A l'automne 1987, seuls 20 000 prétendants avaient effectivement subi les épreuves. Par ailleurs, ces chiffres nationaux ne sauraient masquer des réalités très disparates.

En dessous de la Loire, tout va bien. Pour l'École sinon pour les candidats qui, dans certains départements, se bousculent. Plus de sept par poste à Nice, l'année dernière. Et près de six à Toulouse. Au-dessus de la Loire, rien ne va plus. Cette partie de la France, cataloguée parmi les régions où il fait moins bon vivre que dans le Sud, où la grisaille du climat est faussement considérée comme synonyme de triste environnement et de contexte social peu favorable, est franchement boudée par les candidats. Or c'est dans ces départements, les plus peuplés, que les recrutements d'instituteurs sont les plus importants : 835 dans l'académie de Versailles, 540 dans celle de Lille, par exemple. Contre seulement 150 à Nice ou 156 à Paris, ville qui croule sous les candidatures.

Le problème n'est pas nouveau et le ministère s'est déjà mis en quête de solutions. Au cabinet de Lionel Jospin, l'une des actuelles hypothèses de travail consiste en un *« prérecrutement dans les départements déficitaires »*. Des bourses d'études, financièrement intéressantes, seraient offertes aux bacheliers s'engageant à présenter le concours d'entrée d'une école normale après l'obtention de leur DEUG (diplôme d'études universitaires générales, sanctionnant deux années d'études et maintenant nécessaire pour l'entrée en EN) puis à enseigner pendant un certain nombre d'années. Une formule qui n'est pas sans rappeler des pratiques antérieures de l'Éducation nationale.

En attendant, dans les académies où le nombre de candidats est important, les autorités éducatives sont invitées à *« réorienter les candidats retardataires »* vers les académies moins bien loties. Cette procédure ne donne pas d'extraordinaires résultats. Le ministère ne s'en cache pas. Pas facile de convaincre des étudiants qu'au Nord aussi l'herbe est verte. *« Même si on leur explique qu'en se présentant au concours dans un département où il y a peu de candidats ils ont beaucoup plus de chances de réussir que dans une région « du Sud » où la compétition est nettement plus sévère. »*

Les enseignants ne sont pas friands de mobilité professionnelle. Cela n'est pas non plus une nouveauté. Parmi les professeurs de lycées et collèges, qui, eux, sont recrutés au plan national (et non pas départemental), le problème est le même.

Brigitte SEUX.

Le manque de professeurs 17

A vous maintenant!

1. Préparez une annonce publicitaire pour l'offre des bourses d'études mentionnée dans l'article.

2. Préparez une liste de questions à poser dans une épreuve orale aux candidats qui se présentent au concours. Ensuite, travaillant en groupe, ou avec un(e) partenaire, utilisez ces questions dans une interview.

Comment dirais-je?

Etude grammaticale

Dans le document télévisé le sujet du manque de professeurs entraîne plusieurs locutions négatives. Par exemple:

*Les élèves attendent un instituteur qui **ne** vient **pas**.*
*Quand les professeurs sont absents ils **ne** sont **plus** remplacés.*
*Les élèves **n**'ont **personne** pour leur faire les cours.*

***Ce n'est pas que** les professeurs soient plus absents qu'auparavant.*
(Notez bien que la locution «Ce n'est pas que» est suivie du subjonctif.)

a Utilisez une de ces formes négatives pour compléter chacune des phrases suivantes.

1. Depuis septembre Mme Lebrun est malade. Ses élèves _____.
2. Les parents voulaient parler au directeur, mais il était absent et _____.
3. Si les professeurs ont renvoyé des élèves ce _____.
4. Quant aux remplaçants, le rectorat _____.
5. Quand on met deux classes ensemble, c'est affreux. Personne _____.
6. Les parents ont retenu le directeur dans son bureau. Ce _____.

Notez également la position des deux particules négatives («ne pas») devant l'infinitif du verbe:

*J'ai reçu l'ordre de **ne pas** vous laisser entrer.*
*Pour la question de **ne pas** les remplacer, c'est nous prendre pour des imbéciles.*

b Réécrivez les phrases suivantes de la façon indiquée.

Exemple:

Vous ne devez pas le déranger. Il est important_____.
Il est important de ne pas le déranger.

1. Je vous envoie à ma place parce que je ne veux pas y aller moi-même. *Je vous y envoie pour _____.*
2. Si vous ne voulez pas payer la somme tout de suite, il faudra vous adresser à ma collègue. *Pour la question de _____.*
3. On nous a dit qu'il ne fallait pas téléphoner avant neuf heures. *On nous a dit de _____.*
4. J'ai renvoyé les articles parce que je ne voulais pas encombrer la maison. *Je les ai renvoyés pour _____.*
5. Le directeur m'a dit que je ne devais pas parler aux journalistes. *J'ai reçu l'ordre de _____.*

Etude lexicale

Dans les deux reportages vous trouverez un certain nombre d'adjectifs et d'autres locutions avec un sens négatif ou critique. Ils vous permettront de remplacer les mots soulignés dans les phrases suivantes.

Exemple:

Le métier d'instituteur n'attire pas beaucoup de candidats.
Le métier d'instituteur fait bien maigre recette.

1. On dit que <u>la qualité de la vie n'est pas aussi bonne que</u> dans le Sud.
2. On risque de retenir des candidats <u>qui n'ont pas le niveau qu'il faut.</u>
3. Les parents ont exprimé <u>leur mécontentement.</u>
4. Le contexte social du Nord et de l'Est <u>n'est pas bien vu.</u>
5. Les professeurs se retrouvaient dans des salles de classe <u>bien trop petites.</u>
6. Les stagiaires sont <u>trop peu.</u>

En dernière analyse

Dans bien des pays on constate un manque de professeurs, surtout dans certaines matières. Comment le gouvernement pourrait-il améliorer la condition des enseignants? Est-ce une profession qui vous tenterait à l'avenir?

L'environnement

La Plage du Lavandou

5 La pollution des rivières

Là où est l'eau, là est la vie, le bien-être. La France est riche en eau: une pluie généreuse alimente les nappes souterraines, les rivières, les fleuves et les lacs. Chaque commune en France est responsable de la distribution de l'eau potable (l'eau qu'on peut boire). La qualité de l'eau française est régulièrement contrôlée. Néanmoins, il peut arriver des accidents, comme c'était le cas à Tours en 1988. A la suite d'un incident qui a pollué la Loire, les autorités ont dû couper l'eau: affollement chez les Tourangeaux, comme l'expliquent nos deux reportages.

Document télévisé

Regardez le reportage sur la pollution de la Loire.

Compréhension globale

Pourquoi la pollution de la Loire a-t-elle eu un effet si remarquable sur la vie des habitants de Tours?

Compréhension approfondie

1 Le problème existait depuis combien de temps au moment de ce reportage?
2 Qu'est-ce qui a provoqué le problème?
3 Comment a-t-on transporté de l'eau?
4 Expliquez comment on espère avoir de l'eau potable en faisant un barrage sur un petit ruisseau.
5 Pourquoi la fermière a-t-elle de la chance?
6 Où les animaux de M. Braguer sont-ils venus chercher de l'eau?

A vous maintenant!

1 Vous travaillez à la radio de Tours. Vous devez préparer un flash (durée maximum: une minute) pour avertir les Tourangeaux qui ne sont pas encore au courant de la situation.
2 Devrait-on éviter de prendre l'eau des fleuves pour la population des grandes villes?

Article de journal

Lisez l'article sur la ruée vers l'eau à Tours.

Compréhension globale

Expliquez en une seule phrase le titre de l'article.

Compréhension approfondie

1 Qu'est-ce que l'hôtesse de l'Hôtel de Bordeaux a dû expliquer aux visiteurs anglais?
2 Qu'est-ce qui est arrivé dans cet hôtel en 1978?
3 Quelles mesures les maires ont-ils prises dès le début?
4 Quelles précautions doit-on prendre en se servant de l'eau «potable» des citernes?
5 Quels problèmes les habitants ont-ils trouvés pour aller chercher leur ration d'eau?
6 Qu'est-ce qui est arrivé aux supermarchés?
7 De quoi M. Joxe a-t-il accusé l'usine Protex?
8 Quelle est l'explication offerte par M. Moor?
9 Que fait-on pour aider les personnes âgées?
10 Comment les communes aux environs de Tours ont-elles aidé les habitants?

A vous maintenant!

1 Imaginez la conversation entre les deux touristes anglais qui restent à l'Hôtel de Bordeaux et la patronne de l'hôtel.
2 Vous êtes habitant(e) de Tours. Ecrivez une lettre au maire pour lui indiquer votre inquiétude concernant la possibilité d'autres accidents de ce genre.

La pollution des rivières

Tours : la ruée vers l'eau

*Pas de panique dans la population, mais les rayons d'eau minérale ont été dévalisés.
Des camions-citernes parent au plus pressé.*

TOURS:
Joselyn PETITPAS

«Il faut en être privé pour se rendre compte combien l'eau du robinet est indispensable à notre vie de tous les jours.» La charmante hôtesse du Grand Hôtel de Bordeaux, place de la Gare, n'a pas connu les restrictions de 1978. Mais, alors que l'eau s'est arrêtée de couler dans l'hôtel, voici deux heures à peine, elle est déjà affolée à l'idée de supporter une telle «calamité» durant plusieurs jours.

Depuis dix minutes, elle explique à un couple d'Anglais pourquoi ils ne pourront pas prendre de bain et devront se contenter d'une toilette sommaire avec l'eau qu'ils trouveront dans un broc de faïence.

«Nous avons des réserves, mais nous devons rationner. Pour l'instant nos clients s'en amusent. Il ne faudrait pas que cela se prolonge. Il y a dix ans, au troisième jour du manque d'eau, il n'y avait plus personne dans l'établissement», se souvient la comptable.

Dès que les stations de pompage ont été arrêtées, jeudi à 16 h 30, Tours et les cinq localités de sa périphérie, Saint-Cyr-sur-Loire, La Membrolle, La Roche-Corbon, La Ville-aux-Dames et Parçay-Meslay ont d'abord vécu sur leurs réserves relativement importantes. Sans attendre qu'elles soient épuisées – dans certains secteurs, notamment au centre-ville, les robinets fournissaient encore un mince filet hier matin – le préfet Pierre Cayron et les maires mettaient immédiatement en place des circuits de distribution par camions-citernes, tandis que des voitures à haut-parleurs sillonnaient l'agglomération pour alerter les populations. Toutes les citernes des pompiers, de l'armée, des laiteries et des «pinardiers» étaient alors réquisitionnées pour permettre ce ravitaillement.

Bidons à la main

Aux premières heures du jour, hier, le ballet des camions-citernes a alors commencé à alimenter les quelque cent points d'eau répartis dans les quartiers. Tours et son agglomération allaient pouvoir descendre dans la rue pour aller chercher leur ration d'eau.

Ici et là, cinq ou six personnes, bidons à la main, attendent leur tour pour faire provision de leur eau quotidienne. *«N'oubliez pas de la faire bouillir si vous vous en servez pour la cuisine»*, conseille un sapeur-pompier à une vieille dame que cette période de restriction n'a pas l'air d'émouvoir: *«c'est gênant mais pas dramatique»*, dit-elle.

Tout le monde n'a pas la même réaction. *«J'ai eu un mal fou à trouver des bidons en plastique: toutes les quincailleries et les grandes surfaces ont été dévalisées. J'habite au quatrième étage et mon immeuble n'a pas d'ascenseur»*: la jeune femme du 4ᵉ cherche un Bon Samaritain qui l'aidera à porter ses bidons. Ce sera difficile car l'heure est au chacun pour soi.

Pas ou très peu de bousculade devant les points d'eau. Ils n'en est pas de même autour des rayons des eaux minérales des grandes surfaces. Partout, c'est la cohue, Joël Briancourt, le patron du Mammouth de Tours-Nord, confirme: *«En trois heures, jeudi, nous avons vendu 56 000 bouteilles alors qu'habituellement la moyenne journalière est de 14 000.»* Hier après-midi, il aura atteint le chiffre record de 150 000 bouteilles tout en *«limitant les abus...»*. *«Nous avons suffisamment de réserves dans nos entrepôts. La préfecture nous a invités, dès jeudi soir, à faire le plein.»*

Pour faire taire certaines rumeurs malveillantes selon lesquelles le prix des eaux minérales a flambé à Tours en vingt-quatre heures, Colette Desprez, du cabinet du préfet, affirme: *«Il n'y a pas eu la moindre augmentation. Mieux, la plupart des hypermarchés ont même vendu leur eau moins cher.»* La société Saint-Hippolyte est allée plus loin. Elle a offert gratuitement à la ville de Tours vingt mille bouteilles d'eau de sa source qui coule du côté de Loches, histoire de faire une bonne œuvre tout en se faisant un peu de publicité. Ce n'est pas défendu.

Hôpitaux ravitaillés

«Nous avons pensé particulièrement aux établissements hospitaliers, aux maisons de retraite et aux écoles, tous les points sensibles sont ravitaillés à domicile; tous les moyens mis en œuvre sont prévus pour tenir aussi longtemps que les stations de pompage seront arrêtées», a confirmé le préfet Cayron à Pierre Joxe, ministre de l'Intérieur, et à Brice Lalonde, secrétaire d'Etat à l'Environnement, venus sur place hier matin.

La visite ministérielle avait pour but de mesurer l'ampleur de la pollution et de rassurer les autorités locales et les populations en mettant à leur disposition tout ce dont elles ont besoin, en hommes et en matériel, pour que les conséquences de cette pénurie accidentelle soient limitées au maximum.

Une visite aussi qui a déclenché une polémique à la suite d'une petite phrase de Pierre Joxe. Après avoir affirmé que des analyses étaient faites heure par heure, que tous les réseaux de distribution alimentés par la Loire en aval de Tours étaient étroitement surveillés, le ministre a assuré *«que cette grave pollution n'avait pas pour seule origine les conséquences de l'incendie qui s'est produit dans la nuit de mardi à mercredi, à l'usine Protex, installée sur les bords de la Brenne, à Auzouer-en-Touraine. L'entreprise a procédé à d'autres déversements, volontairement ou non.»* Et M. Joxe de déclarer qu'une enquête judiciaire était en cours.

Une affirmation que le PDG de Protex, Robert Moor, n'a pas appréciée. *«Si je n'avais pas un grand respect pour les ministres, quels qu'ils soient, je qualifierais ces propos de diffamatoires»*, dit-il. Pour lui, l'explication est simple: *«Les tonnes d'eau déversées par les pompiers se sont mélangées au produit, et le tout s'est répandu dans la Brenne.»*

«Vie supportable»

Résultat: une nappe de boue, couleur chocolat, qui s'est déroulée lentement jusqu'à Vouvray, où la petite rivière se jette dans la Loire. Une nappe toxique dans laquelle les spécialistes devaient découvrir d'abord du phénol, un produit cancérigène, puis, hier matin, des traces de cyanure, d'où la décision de stopper immédiatement les stations de pompage aménagées dans la Loire à hauteur de Tours.

Pour l'heure, la polémique passe à l'arrière-plan. *«Ma principale préoccupation est d'éviter tout accident et de rendre la vie supportable à mes administrés»*, dit Jean Royer, le maire de Tours. Il a lancé un appel aux lycéens et aux scouts pour aider les personnes âgées.

A la gare SNCF de Saint-Pierre-des-Corps, on attendait dans la nuit vingt-cinq wagons remplis d'eau qui sont partis de Sète, hier après-midi. Toutes les communes environnantes ont mis les vestiaires de leurs stades et de leurs gymnases à la disposition des Tourangeaux pour leur toilette.

J.P.

22 La pollution des rivières

Comment dirais-je?

Etude grammaticale

La coupure de l'eau bouleverse la vie. Les Tourangeaux ont dû faire face à la nouvelle situation, sans trop bien savoir combien de temps celle-ci durerait. Nous trouvons alors dans les reportages des hypothèses. Voici deux modèles essentiels:

*Si l'eau ne **revient** pas, **ça va poser** des problèmes.
Si la pollution et la pénurie **s'installent**, le début de semaine **sera** très difficile.
N'**oubliez** pas de la faire bouillir **si vous vous en servez** pour la cuisine.*
(*Si* + présent de l'indicatif_____ présent de l'indicatif/futur/impératif.)

***Si** je n'**avais** pas un grand respect pour eux, je **qualifierais** ces propos de diffamatoires.*
(*Si* + imparfait de l'indicatif_____ présent du conditionnel.)

a Maintenant complétez les phrases suivantes.

1 Si l'eau ne revient pas d'ici trois jours, le Grand Hôtel de Bordeaux_____.

2 Si la vieille dame ne faisait pas bouillir l'eau pour faire la cuisine,_____.

3 Si vous habitez un immeuble sans ascenseur, vous_____.

4 Si chaque client achetait 20 bouteilles d'eau minérale, le supermarché_____.

5 Les fermiers perdraient beaucoup de temps si_____.

6 L'eau se rétablira lundi si les autorités_____.

b Etudiez l'emploi des prépositions dans les locutions temporelles des deux reportages, puis remplissez les blancs.

1 Si l'eau ne revient pas_____ les jours_____ venir, ça posera des problèmes.

2 Les robinets restent fermés_____ l'instant.

3 Nous avons vendu 56.000 bouteilles d'eau minérale_____ trois heures.

4 Les stations de pompage ont été arrêtées_____ 16 h 30.

5 Est-ce que le prix de l'eau a flambé_____ 24 heures?

Etude lexicale

1 Ces deux reportages parlent de l'acheminement de l'eau depuis sa source jusqu'au robinet. Voici quelques étapes de ce voyage: mettez-les dans le bon ordre, en expliquant ce dont il s'agit dans chaque cas.

l'eau du robinet, les stations de pompage, les points d'eau, une station d'épuration, le réseau communal, la rivière

2 La coupure de l'eau a empêché que la vie ne se déroule normalement. C'est nous rappeler combien l'eau est essentielle pour nos actes quotidiens. Le reportage du *Figaro* cite, par exemple, la toilette et la cuisine. Faites une liste de vos activités au cours de la dernière semaine qui ont nécessité de l'eau. Lesquelles vous sembleraient prioritaires si l'eau était rationnée?

En dernière analyse

D'où vient l'eau du robinet chez vous? Etes-vous satisfait(e) de la qualité de l'eau? L'eau pure coûte cher: seriez-vous prêt(e) à payer des factures plus élevées pour améliorer la qualité de l'eau potable?

6 La propreté des plages

Aller à la plage, se baigner dans la mer ou dans la rivière, cela fait partie de l'image classique des vacances. Cependant, on n'ose plus patauger ni nager n'importe où. Certaines plages sont fort bien nettoyées, très propres, comme celle du Lavandou, citée dans le document télévisé. D'autres, par contre, inspirent moins de confiance aux baigneurs: par exemple, les estuaires de certaines rivières dans lesquelles se déversent des effluents urbains. C'est à ce sujet que le reportage du *Figaro* fait le bilan des plages de la Somme.

Document télévisé

Regardez le reportage sur les plages du Lavandou.

Compréhension globale

1. Pourquoi Le Lavandou mérite-t-il le label du «pavillon bleu»?
2. Quels sont les conséquences financières d'un tel programme de traitement des eaux?

Compréhension approfondie

1. Quelles côtes françaises sont favorisées cet été?
2. Combien de plages françaises ont mérité le «pavillon bleu»?
3. Les plages du Lavandou s'étendent sur combien de kilomètres?
4. Il y a combien d'estivants en pleine saison?
5. A quoi servent les camions?
6. Quelles sont les deux sortes de personnel?
7. Après le nettoyage quotidien et les salaires, quels sont les frais importants?
8. Qu'arrive-t-il aux eaux usées?
9. Depuis quand fait-on l'expérience avec les eaux?
10. Il y a combien de plages privées?
11. Pour nettoyer un kilomètre de sable, il faut compter combien?

A vous maintenant!

1. Vous êtes habitant(e) du Lavandou. Approuvez-vous ou non les dépenses des autorités pour nettoyer les plages? Ecrivez une lettre au maire pour donner votre opinion.
2. Le maire du Lavandou passera à la radio nationale ce soir pour présenter la station balnéaire aux futurs vacanciers. Préparez son texte, qui ne doit pas dépasser deux minutes.

Article de journal

Lisez l'article sur Saint-Valéry-sur-Somme.

Compréhension globale

1. Faites un résumé en une phrase des problèmes de Saint-Valéry-sur-Somme.
2. Pourquoi cite-t-on la baignade de Colette?

Compréhension approfondie

1. Quel est selon l'article, «le grand mal des temps modernes»?
2. Qu'entendez-vous par la «mise à l'index» de Saint-Valéry-sur-Somme?
3. Que font les autres villes qui n'ont pas fait le même effort pour la protection de l'environnement?
4. Quel est le problème pour les villages riverains?
5. Quelle saison de l'année est la pire pour la pollution de l'atmosphère?
6. De quoi accuse-t-on les agriculteurs et les bergers?
7. Pourquoi a-t-on été obligé de remettre en place le panneau sur la plage?
8. Quel est l'avis du président de l'union des commerçants sur toute cette affaire?

A vous maintenant!

Préparez un dépliant touristique pour Saint-Valéry-sur-Somme, conforme aux idées du maire-adjoint. N'oubliez pas les indications sur l'histoire de la côte picarde.

A Saint-Valéry-sur-Somme « championne » des plages sales

La baie de toutes les pollutions

Si en amont la Somme sert d'égout, c'est aux pieds de cette petite station de la côte picarde que se concentrent les rejets, déchets et déjections de tout ordre.

SAINT-VALÉRY
Lucien MIARD

Comme il est loin le temps où, entre deux pages de l'un de ses romans, Colette retroussait ses amples jupons pour mieux patauger dans les eaux pures de Saint-Valéry-sur Somme. C'était dans les années 20, au temps où la plage de cette petite station balnéaire de la côte picarde attirait les baigneurs parisiens. C'était avant le grand mal des temps modernes, avant la pollution. Qui, aujourd'hui, serait assez téméraire pour plonger dans la Somme finissante, glauque et puante, chaque année signalée par un carton rouge, en d'autres termes par la lettre « D ». « D » comme danger ?

Saint-Valéry-sur-Somme subit cette mise à l'index depuis longtemps sans pour autant avoir mauvaise conscience car, en 1988, la municipalité a fait l'effort de construire une station d'épuration qui, dit-on, est un modèle du genre.

« La baie pue »

Mais, on le sait, la pollution vient d'ailleurs. A ceux qui s'en inquiètent, on répond étrangement que c'est normal, que c'est la vocation d'un estuaire. *« Vous êtes victimes de votre position géographique, c'est devant chez vous que s'achève la course de la Somme. »*

Ici, il y a plus de résignation que de colère. Pas question de demander des comptes en amont, du côté de Saint-Quentin, d'Amiens ou d'Abbeville, par exemple qui, depuis toujours, utilisent la rivière comme tout-à-l'égout. A Abbeville, pour ne citer que cette ville, le quartier de la Tannerie rejette ses effluents urbains, ses déchets domestiques, voire industriels, ses déjections humaines, ses eaux usées dans la Somme.

Beau sujet d'étude que cette pollution bactérienne faite des saletés des cités et des campagnes, des coliformes fécaux des hommes et des lisiers des animaux. *« Tout dans la Somme. »* Facile et pas cher. Aussi, mesure-t-on très scientifiquement la pollution de la Somme, mais sans trop d'étonnement. Sur un certain secteur d'Abbeville, le niveau de tolérance est pulvérisé, puisque la masse microbienne atteint 45 %.

Pour justifier ce haut taux de danger, les habitants de Saint-Valéry-sur-Somme vous rappellent amèrement que depuis Abbeville, tous les villages riverains de la Somme n'ont d'autres déversoirs que la rivière. Il y a certes des solutions, mais il n'y a pas de crédits.

« La baie de Somme pue. » Ce n'est évidemment pas inscrit dans les dépliants touristiques. Mais le fait est là. Selon l'humeur du temps, une odeur nauséabonde rend l'air irrespirable. Au moment des fortes chaleurs notamment. En accusation également : les agriculteurs avec leurs engrais au nitrate, ce fameux nitrate qui souille la nappe phréatique avant d'atteindre les eaux de la Somme. Les chasseurs – les hutiers – ne veulent pas être en reste en désignant de leur côté les moutons qui « s'oublient » dans les prés bordant la rivière.

Pollution... Pollution... Les bergers rétorquent : *« On veut nous ruiner au moment où nous allons obtenir le label présalé. »*

Voulant certainement conjurer le sort, au terme de la saison dernière, les Valéricains avaient fait disparaître le panneau « baignade interdite ». Après le verdict annoncé par M. Brice Lalonde, il a fallu faire les frais d'une nouvelle « mise en garde ». Un bel arrêté préfectoral en lettres blanches sur fond bleu, bien fixé sur son manche de fer, au milieu de la petite plage. Ce qui tendrait à prouver un certain pessimisme municipal. Mais devant le visiteur, personne ne veut donner l'impression de baisser les bras.

« Affoler les gens à tort »

« Mauvais pour l'image de marque de Saint-Valéry », reconnaît André Berthe, président de l'union des commerçants de la ville. *« Dans le temps, tout le monde se baignait et personne ne mourait. Je crois bien qu'on affole les gens à tort en pratiquant ce genre d'analyse. De toute façon, la pollution est moins élevée à marée haute qu'à marée basse et tout le monde sait que personne ne se baigne à marée basse. »*

Elle est bien triste la petite plage de Saint-Valéry-sur-Somme. Déserte et sans animation. Le reflux découvre ce banc de vase épaisse, gélatineuse, malodorante, irisée de traînées goudronneuses. Ne parlons pas du reste. *« L'avenir est ailleurs,* affirme Bernard Lefebvre, adjoint au maire. *Nous nous tournons vers une autre forme de tourisme, moins familiale, plus culturelle. La plage n'est plus notre vocation. Saint-Valéry est riche d'un patrimoine architectural et historique. Demain, ce sera un pays d'art et d'histoire où il fera bon vivre, même si on ne s'y baigne plus...*

L. M.

Comment dirais-je?

Etude grammaticale

L'article du *Figaro* emploie plusieurs prépositions ou autres locutions qui sont suivies de l'infinitif:

*La ville est mise à l'index, **après avoir construit** une station d'épuration.*
(Noter qu' «après» est toujours suivi de l'infinitif au passé.)

*Colette retroussait ses amples jupons **pour** mieux **patauger** dans les eaux pures.*
*La ville subit cette mise à l'index **sans avoir** mauvaise conscience.*
***Pas question de demander** des comptes en amont.*

Utilisez la locution indiquée pour réécrire chacune des phrases suivantes.

Exemple:

Colette visitait la plage parce qu'elle aimait se baigner. pour
Colette visitait la plage pour se baigner.

1. Ce n'est qu'en investissant une somme importante que les villages riverains de la Somme nettoieront leur rivière. *sans*
2. Le maire veut attirer plus de touristes en soulignant le patrimoine historique de la ville. *pour*
3. Il serait impossible de se baigner à marée basse. *pas question de*
4. Les Valéricains ont entendu le verdict de Brice Lalonde et ensuite ils ont interdit la baignade. *après*
5. Les chasseurs blâment les bergers parce qu'ils ne veulent pas accepter eux-mêmes toute la responsabilité. *pour*
6. Les villages de la Somme ne pourront pas rejeter leurs effluents ailleurs. *pas question de*
7. Saint-Valéry a lancé une nouvelle campagne publicitaire à la suite de laquelle la ville a reçu beaucoup de visiteurs. *après*
8. Si les agriculteurs utilisent des engrais, il va de soi qu'ils pollueront la nappe phréatique. *sans*

Etude lexicale

Les deux reportages évoquent les agréments et les équipements des bonnes plages. Voici un extrait d'un dépliant sur une ville au bord de la mer. Remplissez les blancs avec des locutions choisies dans les reportages.

> Chély-Plage est une station_____ de la côte atlantique, réputée pour la_____ de ses eaux. Elle dispose de huit kilomètres de plages où vous jouirez d'un sable_____ et doré. C'est un centre de vacances conçu pour les familles: des_____ surveillent la plage de neuf heures du matin jusqu'à six heures du soir, et des_____ séparent les planches à voiles et les baigneurs. Même au moment des _____ chaleurs, vous vous y sentirez à l'aise: les eaux_____ à quelques mètres du bord vous attendent!

Relisez l'article sur les plages de la Somme et faites une liste des adjectifs négatifs pour décrire les plages.

En dernière analyse

Si vous passez des vacances au bord de la mer, comment jugez-vous de la qualité de l'endroit? Les touristes devraient-ils verser une «taxe de séjour», comme cela se fait souvent en France?

7 Menaces écologiques

L'équilibre de la nature est fragile. Il suffit d'un acte irréfléchi ou quelquefois même d'un accident naturel pour provoquer une catastrophe écologique. Or, les besoins de l'homme civilisé, être urbain, grand consommateur de ressources naturelles, menacent trop souvent l'état naturel des choses. En voici deux exemples. Dans le reportage télévisé, les écologistes de la Loire ont réussi à repousser des projets qu'ils jugeaient nuisibles. Mais dans l'article du *Figaro* il s'agit d'une pollution de la Seine résultant d'un ensemble de conditions météorologiques imprévisibles.

Document télévisé

Regardez le reportage sur la construction de barrages sur la Loire.

Compréhension globale

1. Pourquoi certains riverains de la Loire poussent-ils un soupir de soulagement?
2. De quelle région s'agit-il?

Compréhension approfondie

1. Ce débat sur les barrages date depuis quand?
2. Qui sont les adversaires?
3. Qui a organisé la lutte contre les barrages?
4. La décision du gouvernement est-elle définitive?
5. Qu'est-ce que Marie-Rose serait obligée de faire si l'on construisait le barrage?

A vous maintenant!

Sujet de débat: Les barrages sont nécessaires pour fournir de l'eau pure aux habitants des villes et pour produire de l'électricité sans avoir à construire des centrales nucléaires. Les écologistes ont-ils raison d'opposer leur construction dans des sites tels que la Haute-Loire?

Article de journal

Lisez l'article sur la Seine.

Compréhension globale

1. Expliquez le sens du titre de l'article.
2. Pourquoi le problème s'est-il présenté entre Triel-sur-Seine et Mantes?

Compréhension approfondie

1. Qu'est-ce qu'un navire «avale-tout»?
2. Pourquoi les stations d'épuration n'ont-elles pas pu faire face au problème?
3. A quel point la pluie a-t-elle été anormale?
4. D'où viennent les polluants?
5. Qu'est-ce qui indique que la Seine était susceptible d'attraper la «maladie»?
6. Quelle est la seule solution à long terme?
7. Qu'est-ce qui rend cette solution peu économique?
8. Que fait-on depuis 20 ans pour la Seine?
9. Pourquoi les pêcheurs sont-ils en deuil?

A vous maintenant!

Préparez un débat entre les représentants de la trésorerie de la ville de Paris et l'association des pêcheurs de la région.

Menaces écologiques

Des millions de poissons morts en aval de Paris

La Seine malade des orages

Il faudra plusieurs jours pour éliminer cette pollution inattendue, et au moins deux ans pour que la faune du fleuve se reconstitue.

Plus de 200 pompiers, un détachement de 70 militaires provenant de trois régiments de la région parisienne, et une dizaine de bateaux, dont un navire nettoyeur « avale-tout » fourni par le Port autonome de Paris, ont récupéré 50 tonnes de poissons morts qui, depuis vendredi dernier, sont apparus à la surface de la Seine non loin de Paris.

Dérivant principalement entre Triel-sur-Seine et Mantes, dans les Yvelines, ces poissons dégageaient une odeur de plus en plus nauséabonde sur près d'une cinquantaine de kilomètres en aval de la capitale. Les cadavres des poissons, acheminés vers un centre d'équarrissage, seront transformés en gélatine.

La désolation des pêcheurs

Après une rapide enquête des experts du ministère de l'Environnement, il a été confirmé que ces poissons, de toutes espèces, ont été victimes d'une des nouvelles formes de pollution contre lesquelles il apparaît très difficile de lutter : celle provoquée par la métropole géante qu'est Paris et sa banlieue, dont les stations d'épuration et les égouts ne sont pas dimensionnés pour faire face à des orages extrêmement violents comme ceux qui se sont abattus sur l'Ile-de-France la semaine dernière.

En quelques heures, mercredi dernier, il est tombé en moyenne près de 40 m³ de pluie par m² de la capitale et ses environs, soit plus de la moitié de ce qui tombe normalement au cours de l'ensemble d'un mois de juin. Première conséquence de ce déluge, les toits, les façades des immeubles et les trottoirs ont été très brutalement lessivés des centaines de tonnes de résidus d'hydrocarbures qui s'y étaient déposés depuis les pluies précédentes.

Cette masse de polluants a intégralement été à la Seine, les collecteurs d'eaux pluviales n'étant pas reliés aux stations d'épurations qui traitent les eaux usées.

De toute façon, ces stations d'épuration ont été, elles aussi, noyées et, en débordant, ont laissé des dizaines de tonnes de polluants aller au fleuve.

Enfin, comble de malchance, la forte chaleur des jours précédents, qui avait fait monter la température de la Seine à plus de 20 degrés, ainsi que le faible débit du fleuve en raison de la sécheresse (guère plus de 50 m³ par seconde contre 150 à 200 m³ en temps normal) avaient fait tomber le taux d'oxygène dissous à un niveau très bas, ne dépassant guère un milligramme par litre, soit moins du dizième des valeurs normales.

Brice Lalonde, secrétaire d'État à l'Environnement, a souligné, hier, que ce genre de catastrophe écologique menacerait la Seine tant qu'un système d'épuration ne serait pas installé pour traiter les eaux de pluie. Malheureusement, celui-ci coûterait plusieurs milliards de francs. Il ne se produit des orages aussi violents qu'une fois tous les dix ans, selon les statistiques météorologiques.

Mais, se prémunir contre eux sera tout de même nécessaire, car ils constituent désormais la menace numéro un pour la Seine, alors même que celle-ci, au terme de vingt ans d'efforts, venait de retrouver sa pureté originelle ou presque : à la grande désolation des pêcheurs, il faudra deux ans pour que la faune, constituée notamment de centaines de milliers d'alevins, qui vient d'y être empoisonnée, se reconstitue. A condition qu'il ne repleuve pas de manière aussi brutale...

Jean-Paul CROIZÉ.

Menaces écologiques

Comment dirais-je?

Etude grammaticale

Dans le document télévisé, plusieurs phrases sont au passif. Rappelez-vous que les temps du passif sont les mêmes que ceux de l'actif: il s'agit toujours du verbe *être* (au temps choisi) + le participe passé – qui s'accorde avec le sujet du verbe. Par exemple:

*La construction des barrages **est repoussée**.* (présent)
*Le barrage **était prévu** ici.* (imparfait)
*Leur village **serait englouti**.* (présent du conditionnel)
*Toute la vallée **aurait été noyée**.* (passé du conditionnel)
Réécrivez les phrases suivantes au passif, avec le sujet indiqué.

1   Les écologistes ont gagné la victoire.
    La victoire_____.

2   Les eaux auraient noyé la gorge sauvage.
    La gorge sauvage_____.

3   Marie-Rose devrait abandonner sa maison.
    La maison_____.

4   Le gouvernement avait annoncé sa décision hier.
    La décision_____.

5   On annoncera la construction de deux nouveaux barrages dans un autre endroit.
    La construction_____.

6   On menace la vie tranquille des riverains.
    La vie tranquille_____.

Etude lexicale

a Pour éviter les catastrophes écologiques, il faut lutter contre les menaces. Vous trouverez des termes relatifs à cette lutte dans les deux reportages: utilisez-les pour remplacer les locutions soulignées.

1   Marie-Rose <u>a lutté</u> pendant longtemps pour sauver sa maison.

2   L'association SOS Loire <u>avait organisé une campagne</u> contre le barrage.

3   Si les écologistes n'ont pas encore gagné la bataille, le gouvernement a tout au moins annoncé <u>un délai.</u>

4   Les stations d'épuration ne peuvent pas <u>répondre aux</u> orages trop violents.

5   Dans l'avenir il faudra <u>prévoir</u> les orages dangereux.

b Comment décrire les effets de la pollution? Voici quelques termes utilisés dans le reportage sur la pollution de la Seine. Sans relire l'article, employez-les pour rédiger un bref compte-rendu de cette crise.
une odeur nauséabonde, les cadavres, les polluants, les eaux usagées, le taux d'oxygène dissous

En dernière analyse

Connaissez-vous d'autres régions (soit dans votre pays, soit à l'étranger) où les activités de l'homme ou les accidents naturels menacent l'équilibre écologique? Peut-on y faire quelque chose?

8 Ecologie et politique

Depuis quelques années des groupes politiques «Verts» se présentent aux élections municipales, législatives et européennes, avec des succès parfois inattendus. Pourquoi des électeurs se sont-ils mis à voter «Vert»? Et à qui les groupes écologistes s'opposent-ils? Deux réponses. Un cas particulier est présenté par le document télévisé: la rivalité entre les écologistes et les chasseurs dans le sud-ouest de la France. L'article du *Figaro* nous offre une analyse approfondie et plus générale de ce qui distingue les Verts des partis politiques qui sont déjà au pouvoir.

Document télévisé

Regardez le reportage sur les chasseurs et les écologistes.

Compréhension globale

1 De quelles «Européennes» parle-t-on dans le reportage?
2 Qu'est-ce qui a provoqué les chasseurs à s'organiser en parti politique?

Compréhension approfondie

1 Combien de voix les chasseurs ont-ils obtenu?
2 Ceux qui ont voté «chasseur» sont-ils toujours des fervents de ce sport?
3 Dans quelles régions ont-ils eu le plus de succès?
4 Comment les chasseurs veulent-ils s'identifier avec les écologistes?
5 Dans quel sens peut-on dire que les chasseurs se sentent en état de siège?
6 Pourquoi n'aiment-ils pas la Communauté Européenne?

A vous maintenant!

1 Vous êtes candidat(e) dans la liste des chasseurs pour les élections européennes. Préparez une lettre aux électeurs pour les encourager à voter pour vous.
   ou
   Vous vous opposez aux chasseurs. Préparez une lettre que vous enverrez au journal local en expliquant pourquoi l'on ne doit pas voter «chasseurs».
2 Sujet de débat: Les chasseurs croyaient que la Communauté ne devrait pas limiter leur liberté de pratiquer leur sport favori – ont-ils raison?

Article de journal

Lisez l'article sur le mouvement écologiste.

Compréhension globale

Faites un résumé en trois ou quatre phrases des opinions politiques que l'auteur exprime dans cet article.

Compréhension approfondie

1 Quel est le dogme et le dilemme du monde occidental?
2 Expliquez le sens de l'expression «l'arbre qui cache la forêt» dans ce contexte.
3 Quels sont les «équilibres fondamentaux» qui sont sacrifiés par la société occidentale?
4 Qu'est-ce qui confirme la myopie de la classe politique?
5 Quel est le problème fondamental pour les écologistes?
6 Qu'est-ce qui indique que les femmes sont plus sensibles aux idées des écologistes?
7 Pourquoi les jeunes sont-ils susceptibles d'être en révolte contre les partis politiques actuels?
8 Quel changement le succès des écologistes a-t-il provoqué dans les formations politiques?

A vous maintenant!

Ecrivez une lettre à votre représentant(e) politique en lui donnant vos idées sur la protection de l'environnement.

L'écologie : force politique et économique

Les sociétés modernes obsédées par le dogme de la croissance • Visant l'immédiat, elles font l'impasse sur l'avenir • Le mouvement écologiste introduit la notion de durée et de survie • Réduire la croissance artificielle.

Il est admis par les économistes et par toute la classe politique que seule la croissance, le fameux « taux de croissance », peut générer des richesses et créer des emplois. Alors le monde occidental, qui

PAR DOMINIQUE FLORIAN*

adhère à ce dogme, est confronté en permanence à un véritable dilemme qui se résout dans la fuite en avant : forte croissance pour de nouveaux emplois, ou moins de croissance et récession des emplois.

Comment n'avons-nous pas encore compris, en Occident, que la seule chose qu'engendrait de façon continue la croissance de notre société industrielle, c'est le chômage et l'appel croissant à une main-d'œuvre sous-qualifiée et sous-rémunérée ? Car les petites reprises de croissance actuelles sont illusoires, et ne sont que l'arbre qui cache la forêt, parce qu'elles ne peuvent qu'être faibles, cycliques et de courte durée par rapport aux phases dépressives inévitablement plus importantes dans un type de société dont le coût de fonctionnement est supérieur au bien-être qu'il procure.

Or une société qui n'adhère qu'à la croissance comme moyen du progrès est une société qui confond le chiffre d'affaires avec la rentabilité, une société qui sacrifie ses équilibres fondamentaux à des succès provisoires, puisque ne pouvant tout développer ; les écarts se creusent : entre la ville et la campagne, entre les artisans et les industriels, entre les petits et les gros revenus, entre les agriculteurs et les salariés... et entre les zones abandonnées et les zones surpeuplées.

Alors que nous avons vécu tant de bouleversements dans tous les autres secteurs, l'économie est le seul secteur dans lequel le dogme est resté ce qu'il était il y a quarante ans, dans lequel on n'a rien innové.

Or, l'échangisme mondial à tout va, qui a été mis en place depuis quelques décennies par les hommes d'affaires et les hommes politiques des gros blocs, a instauré à l'échelle planétaire une concurrence exacerbée entre les peuples.

Ce qui a introduit un système d'obligation de résultats immédiats, mesurables uniquement en peu de temps et par le seul intéressé, qui limite dangereusement ses critères de décision.

Ce faisant, ces théories économiques du court terme, les seules prises en compte, ont nécessairement fait l'impasse sur toutes les conséquences lointaines, dans l'espace et dans le temps, des méthodes de décision simplistes actuellement en usage. Elles ont donc fait l'impasse sur l'avenir.

Les hommes politiques nous font ainsi vivre avec insouciance l'économisme de la consommation accélérée du capital. C'est contre cette attitude que se sont insurgés les électeurs des écologistes. Et la classe politique tout entière, sincèrement surprise par leurs résultats, a ainsi confirmé de façon dramatique sa myopie face aux grands problèmes écologiques et socio-économiques que son imprévoyance a engendrés.

Le long terme

Or, si le mouvement écologique a été tant raillé, si les idées qu'il véhicule ont été tant décriées et mises sous le boisseau, avant de faire leur récente et irrésistible percée, c'est parce que ce courant de pensée constitue un mouvement du long terme dans un monde du court terme ; c'est parce qu'il véhicule un projet global dans une société de l'émiettement et de la spécialisation ; c'est parce qu'il introduit la notion de durée et de survie dans un monde de la consommation aveugle et de la destruction.

C'est parce qu'il est mieux perçu par les femmes, qui sont dépositaires de la vie, dans un monde politique masculin et matérialiste dont elles ont été écartées avec toutes les perceptions d'essence plus féminine.

Paradoxe d'une société qui mondialise tout sauf les conditions de sa survie, c'est cette myopie des hommes politiques sur les problèmes fondamentaux concernant notre environnement et notre santé, donc notre avenir et celui de nos enfants, qui a assuré la percée des écologistes et qui, si elle se prolonge, entraînera l'élimination progressive de l'actuelle classe politique.

Ne devrions-nous pas nous demander aussi si notre société du taux de croissance et de l'industrialisation forcenée n'a pas échoué, elle qui admet que 65 % des jeunes au travail fassent un autre métier que celui auquel ils aspiraient ! Que peut-on attendre, se demandent ces jeunes, de formations politiques qui ne savent pas répondre aux aspirations de la jeunesse ?

Quelle « rénovation » ?

Notre société est peut-être plus performante, plus « en expansion » qu'une société écologique, peut-être avons-nous lieu d'être fiers de notre taux de croissance, de notre « revenu par tête », selon la formule consacrée, eu égard à la pauvreté de la plupart des nations, mais avons-nous réussi par là à rendre plus heureux les hommes, à leur donner l'envie de fonder une famille et d'avoir des enfants ? La réponse, cruelle est : non !

Alors, aujourd'hui, face à l'échec du dogme économique, va-t-on enfin comprendre que c'est probablement en réduisant au contraire fortement une croissance artificiellement acquise au prix de notre disparition à terme et en réorientant progressivement tout l'aménagement de notre territoire que nous réassainirons notre économie et que nos populations reprendront confiance en l'avenir pour fonder des foyers ?

Car enfin, il faut se demander pourquoi les électeurs assurent la montée des écologistes et des formations politiques extérieures au Parlement, puisque c'est la percée de ces formations, et elle seule, qui a provoqué l'apparition des rénovateurs alarmés par les échecs répétés que cette percée provoquait dans l'opposition.

En s'évadant des schémas politiques habituels, ces électeurs ont marqué leur attente d'une rénovation de la vie politique, mais la seule rénovation qu'ils attendent n'est pas celle dont on parle, c'est celle de la prise en compte de leurs préoccupations, qui n'ont été exprimées à ce jour que par les formations politiques nouvelles.

D. F.

*Présidente d'Ecologie et Société.

Écologie et politique

Comment dirais-je?

Etude grammaticale

Le reportage du *Figaro* cherche à présenter un argument, à nous persuader du point de vue de son auteur. Celui-ci se sert de conjonctions et d'adverbes pour relier les phrases, de sorte que le développement de l'argument nous frappe. Deux adverbes sont placés en tête de phrases:

Or, une société qui n'adhère qu'à la croissance est une société qui confond le chiffre d'affaires avec la rentabilité.
Alors, face à l'échec du dogme, est-ce qu'on va le comprendre?

Deux autres adverbes se trouvent le plus souvent après le verbe:

*Elles ont **donc** fait l'impasse sur l'avenir.*
*Et la classe politique a **ainsi** confirmé sa myopie.*

Deux conjonctions permettent de relier deux propositions pour en faire une seule phrase:

*Les petites reprises de croissance sont illusoires **parce qu**'elles ne peuvent qu'être faibles.*
***Alors que** nous avons vécu tant d'autres bouleversements, l'économie est le seul secteur qui est resté le même.*

Voici quelques paires de propositions. Introduisez soit un adverbe soit une conjonction pour expliquer le lien entre les deux.

1. Il y a une concurrence entre les pays. Chaque pays veut vendre autant que possible.
2. La ville devient plus peuplée. Les jeunes quittent la campagne.
3. L'écologie est mieux perçue par les femmes. Ceci menace un monde politique dominé par les hommes.
4. Notre société est «en expansion». Nous avons lieu d'être fiers de notre taux de croissance.
5. Les écologistes sont concernés par l'avenir. C'est le monde où vivront nos enfants.
6. On s'attend à une rénovation. Les électeurs ont quitté les schémas politiques habituels.

Etude lexicale

Dans le document télévisé vous avez peut-être remarqué que les journalistes utilisent dans un sens métaphorique plusieurs termes relevant de la chasse. Voici des définitions de ces mêmes termes au sens propre. Essayez de les identifier (en consultant la transcription à la page 91, si vous voulez).

1. les animaux abattus lors de la chasse qui sont exposés ensemble
2. le sac dans lequel le chasseur met le gibier
3. un lieu où l'on peut se cacher en attendant
4. cerner la proie
5. chasser le gibier du bois
6. parcourir le terrain à la recherche du gibier

En dernière analyse

«Le courant de pensée écologique constitue un mouvement du long terme dans un monde du court terme.» Est-ce vrai que les écologistes, plus que les autres partis, pensent à l'avenir? Trouvez des exemples concrets pour illustrer votre réponse.

Les transports

Le T.G.V.

9 La prévention routière

Les mois de juillet et d'août signalent les grands départs en vacances pour les Français. Nombreuses sont les familles qui louent une maison de vacances dans un département loin de chez eux. Ce qui veut dire que la circulation s'intensifie, et, par conséquent, le risque d'accidents. C'est pour cette raison que le gouvernement lance des campagnes au mois de juin pour améliorer la sécurité routière. Il est question notamment de renforcer les contrôles et de faire respecter le code de la route, comme l'expliquent nos deux reportages.

Document télévisé

Regardez le reportage sur la prévention routière.

Compréhension globale

En général, quelles sont les principales causes des accidents sur les routes en France?

Compréhension approfondie

1 Quand a-t-on lancé cet appel aux automobilistes?
2 Qu'est-ce qui correspond à l'Hôtel Matignon dans votre pays?
3 Quelle est la différence entre un chauffeur et un chauffard?
4 Quelles mesures les gendarmes peuvent-ils prendre sur-le-champ en cas d'infraction grave et, dans l'Essonne, pour les infractions moins importantes?
5 Quelle sera la durée de l'expérience en Essonne?
6 Exprimez en d'autres termes l'expression «les gendarmes poussent un peu».
7 Quelles sont les options pour la dame qui est accusée de ne pas porter sa ceinture de sécurité?
8 Quelles sont les réactions des trois personnes interviewées au sujet des amendes payées sur place?
9 En principe, quel est l'avantage du système du point de vue des «coupables»?
10 Quel est le désavantage de ce système pour les gendarmes?

A vous maintenant!

1 Vous devez préparer un rapport sur la prévention routière en France qui doit être présenté à Bruxelles à une réunion d'experts.
2 En tant qu'expert(e) de la sécurité routière d'un autre pays, préparez des questions à poser à votre homologue français.

Article de journal

Lisez l'article sur les routes de l'été.

Compréhension globale

Quel est le sens de la phrase «l'été sera chaud pour les forces de police et de gendarmerie»?

Compréhension approfondie

1 Quelle est le problème qui a préoccupé le Conseil des ministres?
2 Quand le gouvernement pense-t-il annoncer de nouvelles mesures?
3 Depuis quand est-on obligé de porter la ceinture de sécurité?
4 Pendant les quatre premiers mois de l'année les infractions ont augmenté de 30%. Qu'est-ce que cela indique?
5 Est-ce que les Français respectent l'obligation de porter la ceinture?
6 Quelles sont les trois mesures principales qui vont être appliquées cet été?
7 Quelle relation a-t-on constatée entre les mesures appliquées par le passé et les chiffres des accidents?
8 Quels exemples cite-t-on pour justifier les campagnes publicitaires?
9 Que dit-on sur les points noirs?
10 Qu'est-ce qu'un contrôle technique?

A vous maintenant!

1 Etes-vous pour ou contre des mesures plus sévères pour la sécurité routière? Ecrivez une lettre au *Figaro* pour donner votre opinion.
2 Dans votre pays, comment les autorités ont-elles essayé de faire comprendre aux conducteurs les dangers si l'on conduit en état d'ébriété?

La sévérité sur les routes de l'été

Renforcement des contrôles cet été sur les routes et autoroutes : alcoolémie, vitesse, ceintures de sécurité. Les effectifs de gendarmerie et de police seront considérablement étoffés.

Les bonnes vieilles recettes conservent, en matière de sécurité routière, toute leur valeur. La démonstration en a été apportée hier encore avec les délibérations du Conseil des ministres qui, entre autres, s'est penché sur l'augmentation alarmante des accidents et du nombre des tués (+ 18 %) depuis le début de cette année. Et comme les ministres concernés se montrent un peu désarmés devant l'ampleur du phénomène et ses causes, difficiles à cerner, on a estimé qu'il était urgent de réfléchir et d'attendre la rentrée pour, le cas échéant, décréter de nouvelles mesures.

Seulement voilà, on ne sait plus très bien lesquelles. Car, en la matière, beaucoup a déjà été fait depuis 1973 et la première obligation, boucler la ceinture de sécurité. Maurice Faure, ministre de l'Équipement et du Logement, a bien exhibé hier le permis à points mais plus comme une hypothèse d'école que comme une réelle menace. C'est finalement le ministre de l'Intérieur, Pierre Joxe, qui a eu le dernier mot. A l'entendre, l'été sera chaud pour les forces de police et de gendarmerie, plus que jamais mobilisées sur le terrain afin de faire entendre raison aux Français.

Comment procéder autrement, en effet, lorsque les statistiques portant sur les quatre premiers mois font état de données aussi alarmantes mais parfois contradictoires. Aux 18 % de tués supplémentaires qui signalent une aggravation des accidents dont le nombre a progressé de 14,3 %, on opposera d'autres chiffres troublants.

Malgré des contrôles beaucoup plus nombreux (+ 27 %), les infractions constatées (+ 30 %) ne signalent pas une dégradation particulière du comportement des automobilistes. Il est normal, en effet, que plus de contrôles constatent plus d'infractions. Les taux de port de la ceinture sont d'ailleurs élevés sur autoroutes (90 %) et routes (80 %) mais restent médiocres en ville (55 %). Enfin, le temps clément durant ces quatre mois a accru la circulation de 9 % et la consommation de carburant de 5 %. Malgré cela, ce sont les autoroutes (+ 24,1 %) et les chemins départementaux (23 %) qui ont connu la plus grosse augmentation du nombre des tués.

Sensibilisation

Puisqu'il faut ramener les Français à plus de réalisme, une circulaire a été adressée le 15 juin aux préfets. Elle insiste sur le triptyque cher à la Sécurité routière : multiplication des contrôles de vitesse, du port de la ceinture de sécurité et dépistages anti-alcoolémie. Il faut faire vite – avant les grands départs de l'été – et frapper les imaginations afin que, à l'image du week-end de la Pentecôte, on parvienne enfin à infléchir les courbes.

Les données du problème ont ainsi été résumées par Maurice Faure : *« Il y a quinze ans, dit-il, avant même qu'une politique de sécurité routière ne soit envisagée, nous avions comptabilisé 16 617 morts sur les routes. En 1987, nous étions descendus pour la première fois depuis 1961, en dessous de la barre des dix mille tués avec 9 855 victimes recensées. Ce gain a été obtenu par paliers, chaque palier correspondant à une mesure importante comme la ceinture, la loi sur l'alcool, l'opération Réagir et le doublement des peines avec renforcement des contrôles. Il nous semble logique désormais que, pour réduire encore les statistiques, il faille passer à un autre stade et relancer les campagnes de sensibilisation car les effets d'une mesure s'errodent assez vite »*.

Condamnés à communiquer en permanence et non plus épisodiquement à la veille des grandes migrations, les pouvoirs publics deviennent ainsi d'excellents clients des agences de publicité avec la réalisation de spots télévisés. Pour la campagne été 1988, ce sera un film de Raymond Depardon. On y voit un enfant dessiner, sur le sable d'une plage, une famille en voiture. Une vague un peu plus forte que les autres vient ensuite l'effacer.

Ce type de sensibilisation, qui paraîtra puérile ou déplacée à certains, porte pourtant ses fruits. La RFA est ainsi parvenue à un taux de port de la ceinture de 95 % après une campagne de longue haleine étalée sur plus d'un an. En France, on se contentait plutôt d'opérations ponctuelles dont les effets réels se diluaient dès qu'elles cessaient. *« Il faut cent fois remettre le problème sur le métier »*, a avoué hier Maurice Faure, qui place désormais l'action de la sécurité routière sur le terrain de la persuasion.

Mais cette persuasion, si les media ne se montrent pas assez efficaces, pourra devenir musclée. Pierre Joxe a susurré hier que les contrôles renforcés seraient pratiqués notamment par des équipes de police et de gendarmerie *« à bord de centaines de voitures banalisées »*. Elles s'orienteront en priorité sur les infractions les plus graves afin de procéder, dans les plus brefs délais, aux mesures de suspension qui s'imposent. Voilà pour le court terme.

A moyen terme, il y a le Comité interministériel de sécurité routière qui, à la rentrée, devra nourrir sa réflexion d'un certain nombre de dossiers urgents.

Points noirs

● Les points noirs, au nombre de deux cent quatre-vingt-huit aujourd'hui, ne seront, au rythme actuel, supprimés que dans dix ans. Maurice Faure considère comme une nécessité vitale d'accélérer leur traitement et si possible de réduire de moitié les délais. Pour 1988, 140 millions ont été affectés à ce poste alors qu'il faudrait beaucoup plus. Il y a là nécessité de faire comprendre que les accidents coûtent cher à la communauté : 80 milliards de francs selon une évaluation faite pour le IXe Plan. Et qu'il y a un intérêt économique à consacrer un budget plus considérable afin de les juguler.

● Le contrôle technique des voitures bute sur l'harmonisation des réglementations européennes. La France souhaite un contrôle des voitures et camionnettes anciennes avec obligation de réparer. Aucune date n'est fixée pour l'entrée en vigueur de ce contrôle.

A long terme enfin, il y a le permis à points qui pourrait ne pas attendre les trois ans nécessaires à l'informatisation du fichier des permis de conduire. *« Cette réforme, a dit Maurice Faure, nous tient à cœur car c'est elle qui a l'effet le plus dissuasif sur les automobilistes. Cet effet est même graduel au fur et à mesure que s'effeuille le carnet à points. Il serait possible d'accélérer sa mise en œuvre en ne le donnant qu'aux nouveaux conducteurs. »* Il semble pourtant que la coexistence de deux permis soit, sur le plan du droit, difficile à admettre. Le permis à points serait, dans ce cas, remis à après-demain.

Jacques CHEVALIER.

La prévention routière

Comment dirais-je?

Etude grammaticale

a Puisque ces deux reportages précisent les projets du gouvernement pour les mois à venir, beaucoup de verbes sont au futur. Par exemple:

*On **proposera** à tous les conducteurs de signer un pacte.*
*Les équipes **s'orienteront** sur les infractions les plus graves.*
*Les permis **pourront** être suspendus.*

Etes-vous sûr(e) du futur des verbes irréguliers (comme *pouvoir*)? Sinon, vérifiez-le! Réécrivez les phrases suivantes au futur.

1 Le gouvernement est sévère pour les chauffards.
2 Les responsables des sociétés automobiles mènent l'opération.
3 Fait-on l'expérience des amendes payées sur-le-champ?
4 Vous avez 230 francs à payer.
5 Je ne veux pas payer immédiatement.
6 Il faut faire vite.
7 Nous ne parvenons pas encore à réduire le nombre d'accidents.
8 Tu mets toujours ta ceinture de sécurité?

b Dans le document télévisé, nous trouvons des conseils pour les automobilistes. Alors, rédigez les «10 commandements de la route».

Exemple:

1 *Pas d'alcool.*
   Vous ne boirez pas d'alcool avant de conduire.
2 Pas d'excès de vitesse.
3 Ne jamais oublier la ceinture de sécurité.
4 Ne jamais griller un feu rouge.
5 Entretenir son véhicule.
6 Etre attentif aux piétons.

Inventez vous-même les commandements **7** à **10**!

Etude lexicale

Dans les deux reportages on nous parle des infractions et des peines. Trouvez les mots utilisés qui vous permettront de compléter les phrases suivantes.

1 L'absence de_____ pour les automobilistes, ou de_____ pour les motocyclistes, voici deux exemples d'infractions mineures.
2 Si vous êtes coupable d'un_____ de vitesse, vous devrez payer une_____.
3 En cas d'infraction grave, le permis est_____.
4 Ceux qui payent une amende sur-le-champ se débarrassent rapidement de la_____.
5 La police espère introduire un_____ des camions anciens pour que les propriétaires soient obligés de les entretenir mieux.

En dernière analyse

Sensibiliser et responsabiliser les automobilistes, ou réprimer les infractions? Les deux moyens sont-ils également importants pour réduire le nombre d'accidents de la route?

10 Bison Futé

Les bouchons: synonyme des grands départs en vacances. Peut-on les éviter? Il y a certes des points rouges bien connus, comme la Vallée du Rhône, surtout la ville de Lyon, avec le tunnel sous le Mont Fourvière. Les gens du département (ceux dont l'immatriculation se termine par «69») connaissent les détours. Mais pour les touristes, vaut-il mieux se fier aux itinéraires indiqués par les panneaux jaunes, ou bien rester sur la route la plus directe et la plus encombrée? L'article du *Figaro* recense les opinions des uns et des autres. Que faire même avant le départ? Réponse du document télévisé: écouter les conseils de Bison Futé (service national qui donne conseil aux automobilistes), ou bien utiliser les services informatisés du Minitel. Si vous êtes abonné au Minitel (voir aussi l'Unité 19), vous pouvez accéder à tout un réseau d'informations utiles, dont les dernières indications sur l'état des routes.

Document télévisé

Regardez le reportage sur Bison Futé.

Compréhension globale

1 Décrivez le rôle de Bison Futé.
2 Qu'est-ce qu'un «week-end orange»?

Compréhension approfondie

1 Quel temps fait-il au moment de ce reportage?
2 Qu'est-ce que Bison Futé avait prévu?
3 Dans quelles régions a-t-on le plus de problèmes?
4 Quel sera l'état des routes dimanche?
5 Quelles sont les options pour ceux qui veulent éviter les jours rouges?
6 Quel est le désavantage d'une de ces options?
7 Quel service est offert par Minitel aux voyageurs prévoyants?
8 Que fait le service ITI?
9 Quel service sera disponible à l'avenir?

A vous maintenant!

Un groupe au Parlement européen va travailler sur le réseau routier. Rédigez une lettre pour lui indiquer les avantages du service Bison Futé.

Article de journal

Lisez l'article sur la fournaise de Fourvière.

Compréhension globale

1 Pourquoi y a-t-il tant de bouchons à Lyon?
2 Quel succès est attribué à Pradel?

Compréhension approfondie

1 Pourquoi les Leclerc ont-ils quitté l'autoroute A7?
2 Pourquoi se sont-ils perdus?
3 Comment sont les conditions dans le tunnel de Fourvière?
4 Quelle est la politique des CRS (Compagnies Républicaines de Sécurité)?
5 Quel conseil est offert aux automobilistes par Bison Futé? Avec quel résultat?
6 Quel est le double désavantage de suivre le «bis» vers l'ouest?
7 Qu'est-ce qui attend les automobilistes à Bottray?

A vous maintenant!

1 Le département Rhône-Alpes voudrait réduire le nombre de bouchons l'année prochaine, alors il prépare un sondage qui sera envoyé à des chauffeurs qui se sont plaints cette année. Quelles questions serait-il utile de poser?
2 Les autorités de votre ville préparent un dépliant pour les touristes étrangers avec des conseils pour éviter les bouchons en été. Rédigez la version française de la brochure.

Dans la fournaise de Fourvière...

LYON :
de notre envoyée spéciale
Hélène VISSIÈRE

La voiture des Leclerc vogue à la dérive entre Saône et Rhône. Sur les panneaux lumineux, la température clignote : 30 degrés. Cela fait près de trois quarts d'heure qu'elle a quitté la chaussée encombrée de l'autoroute A 7 pour suivre un itinéraire de délestage.

Objectif : éviter le sempiternel embouteillage du tunnel sous Fourvière. Mais, après avoir contourné Lyon par l'est, sur les boulevards périphériques, c'est le drame : les flèches jaunes se sont subitement interrompues.

Entre deux fleuves et deux collines

Paris a disparu. La voiture des Leclerc n'est plus qu'une immense plainte... Lyon-centre, les Brotteaux, le Palais des Congrès ? Le choix devient crucial. Après quelques errances dans les rues du centre, heureusement désertes, ils récupèrent le tunnel de la Croix-Rousse. Conclusion de Jean-François Leclerc : « Une heure de perdue, on ne m'y reprendra plus... »

Fourvière, 11 h 30, 33 degrés. L'A 6 explose. On annonce plus de huit kilomètres de bouchons du péage de Villefranche, au nord de Lyon, jusqu'à la sortie du tunnel. L'air, surchargé de poussière, est irrespirable. Les CRS frémissent à l'idée d'intervenir dans ces 1,8 km de fournaise.

Pour éviter le risque de l'embouteillage dans l'ouvrage, ils régulent sans cesse le flot des cent mille voitures quotidiennes.

« Même si on roule au pas, la circulation ne s'arrête jamais complètement sous Fourvière », confirme le capitaine Sottet, responsable de l'UAR CRS 45.

Coincée entre deux fleuves et deux collines, la capitale des Gaules s'est fait une spécialité du bouchon. Mais la situation géographique n'est pas seule en cause. La politique urbaine menée dans les années 60 n'a prévu qu'un bout de périphérique à l'est.

Bien plus, elle a choisi délibérément de faire passer l'autoroute en plein cœur de Lyon. Résultat : toute la circulation européenne de l'axe Nord-Sud bute sur le centre-ville et le trafic local déjà fort important.

Un véritable casse-tête pour les responsables de la circulation qui voient avec angoisse le nombre d'embouteillages augmenter au fil des ans. Bison futé, pourtant, ne cesse de seriner différentes manières de contourner Lyon. Mais, entre croupir dans un tunnel et prendre un itinéraire de délestage, le choix est net.

La majeure partie des 3 800 voitures qui défilent toutes les heures sur l'autoroute choisissent Fourvière et font fi de ces conseils.

« Bison futé peut se tromper »...

« Je préfère poireauter une heure sur l'autoroute que m'aventurer sur des chemins de traverse », soupire un Parisien. « Après tout, ce n'est pas pire que les bouchons de chez nous. Et puis, Bison futé se trompe peut-être... »

Il faut dire que les itinéraires de délestage ne sont pas parfaits, comme le souligne le capitaine Sottet. Sur les six itinéraires mis en place autour de Lyon, la plupart empruntent des départementales ou des nationales.

Même bien balisé, le détour retarde sans mettre à l'abri des bouchons. Il vaut mieux avoir du temps et une âme bucolique pour s'engager sur le « bis » qui longe les bords de la Saône...

14 heures : 36 degrés. Ça bloque dans le sens des retours. Palomar, le PC de circulation d'urgence, « active » plusieurs itinéraires conseillés. En clair, il installe les panneaux jaunes qui indiquent les moyens d'échapper à Fourvière. On a presque l'embarras du choix, à condition d'apercevoir à temps les indications.

45 km de détour et 19 F en plus

Contournement à l'ouest par la N 86 et la D 42, avant de récupérer l'A 6 après le tunnel. Mais la déviation attire peu le touriste. Seuls, les « 69 » empruntent cette voie, pourtant rapide et bien balisée. Contournement à l'est : boulevards périphériques, puis A 42 jusqu'à Bourg-en-Bresse et Mâcon. Là, en revanche, 45 km de détour, plus une majoration de 19 F aux péages.

Quant aux automobilistes qui préfèrent tenter le passage par le tunnel, ils peuvent, pour se remettre de leurs émotions, s'arrêter sur l'aire de repos de Bottray, transformée en mini-cirque.

Après Bison futé et ses panneaux jaunes, voilà les clowns peinturlurés, Manolo et Paulo, qui amusent les enfants le temps d'une halte. Stanislas, le magicien, cherche, depuis ce matin, à faire sauter les bouchons avec sa baguette magique...

H. V.

Un tunnel signé Pradel

Le tunnel sous Fourvière, une erreur ? Sans aucun doute pour les Parisiens ou les Marseillais. Sûrement pas pour les Lyonnais qui, mis à part les quelques jours de grande transhumance, en jouissent sans bourse délier.

A qui la faute ? Aux Parisiens évidemment. Les Lyonnais, quant à eux, ont fort bien joué. A l'époque, Georges Pompidou était premier ministre et Louis Pradel premier magistrat de la capitale des Gaules. Pour relier les communes de l'ouest à la presqu'île, cette réalisation dépassait financièrement les limites que s'imposait le sourcilleux maire.

Dans le même temps, à Paris, les techniciens planchaient sur le contournement de Lyon pour le futur tracé des autoroutes A 6 et A 7 entre Mâcon et Vienne. Profitant de ces hésitations, Louis Pradel se rendait à Matignon et disait à peu près à Georges Pompidou : « Construisons le tunnel sous Fourvière. Les plans sont prêts. Laissons passer la circulation nationale. Ce sera une autoroute. Vous en payez la moitié. »

« Pas sot ! », répliquait le premier ministre qui craignait les éclats dont son interlocuteur mécontent était capable, et voyait là un bon moyen d'épargner les dépenses publiques. Les deux hommes se quittaient satisfaits. De retour sur ses terres, Pradel était acclamé par la population qui avait obtenu son tunnel urbain et la gratuité entre Villefranche-sur-Saône et Vienne.

Les contribuables souhaitaient que Michel Noir réussisse un semblable tour de force pour le troisième tunnel.

Yves LÉRIDON.

Comment dirais-je?

Etude grammaticale

Dans les deux reportages nous trouvons des phrases prépositives qui vous seront utiles:

*Il y a des accidents **en raison** de la pluie.*
*La région parisienne est déconseillée **en début** de soirée.*
*Il y aura des passages difficiles **en fin de** journée vers Montpellier.*
*L'avantage **par rapport à** une carte normale, c'est que l'ITI vous donne la lecture des panneaux.*
*Le nombre d'embouteillages augmente **au fil des** ans.*
***Quant aux** automobilistes, ils peuvent s'arrêter à Bottray.*

D'abord, remplacez les phrases prépositives dans les exemples ci-dessus par d'autres mots.

Maintenant, utilisez une de ces phrases prépositives pour remplir chaque blanc.

1   Les voitures modernes sont très rapides_____ celles des années 30.
2   Puisque les automobilistes remettent le retour au dernier moment, les bouchons sont pires_____ soirée.
3   _____ habitants de Lyon même, ils essaient d'éviter le tunnel de Fourvière aux heures de pointe.
4   La police a fermé cette route_____ neige.
5   La ville de Lyon s'est étalée_____ siècles.
6   On publiera les statistiques sur les accidents de la route_____ année.

Etude lexicale

Le reportage du *Figaro* parle des conditions et des indications routières. Expliquez à un vieil automobiliste français qui n'a pas l'habitude de faire de grands voyages à quoi servent les choses suivantes.

1   une aire de repos
2   un péage
3   un itinéraire de délestage
4   un boulevard périphérique
5   des panneaux et des flèches jaunes
6   une route départementale

En dernière analyse

A mesure que le nombre d'automobilistes ne cesse de croître, le réseau routier devient de plus en plus encombré. Quelles solutions voyez-vous? Construire de nouvelles routes? Ou investir dans les autres moyens de transport?

11 Les bouchons du ciel

Ceux qui choisissent de voyager en avion comptent arriver plus tôt à leur destination. Or, au moment des grands départs (début juillet, début août) on risque de passer plus longtemps dans la salle d'attente de l'aéroport que dans l'air, du moins pour les vols intérieurs et européens. Deux reportages nous font découvrir le mécontentement des passagers qui ont dû attendre plusieurs heures aux aéroports français. Pourquoi y a-t-il de tels retards à certains moments de l'année? Plusieurs facteurs entrent en ligne de compte, comme vous le verrez.

Document télévisé

Regardez le reportage sur les bouchons du ciel.

Compréhension globale

Comment ce reportage indique-t-il le début d'un nouveau problème pour la fin du vingtième siècle?

Compréhension approfondie

1   Quels sont les «embouteillages classiques»?
2   Qu'est-ce qui avait provoqué le retard dans la matinée?
3   A quel moment les vrais problèmes ont-ils commencé?
4   De quoi le commandant du Jumbo se plaint-il?
5   De quoi ses passagers se plaignent-ils?
6   Le vol 6831 pour Nice part avec combien de retard?
7   Que font les passagers qui attendent toujours leur vol?

A vous maintenant!

Vous habitez près d'Orly. On vient d'annoncer que l'aéroport sera désormais ouvert toute la nuit pendant la période des vacances. Ecrivez une lettre au *Figaro* pour donner vos réactions.

Article de journal

Lisez l'article sur la grande pagaille.

Compréhension globale

En préambule à cet article le journaliste écrit: «Signe des temps, les routes n'ont plus le monopole des bouchons». Quelles sont les conditions qui provoquent les embouteillages aériens?

Compréhension approfondie

1   Pourquoi, sur les calendriers des responsables de la navigation aérienne, certaines dates sont-elles entourées d'un trait rouge?
2   Comment les passagers passent-ils leur temps très souvent, ces jours-là?
3   Pourquoi les retards ne se rattrapent-ils jamais?
4   Que font les contrôleurs aériens quand un avion est en retard?
5   Les vols ont augmenté de combien, vendredi dernier, par rapport à un jour ordinaire?
6   Qu'est-ce qui a contribué à la grande pagaille?
7   Quelle plainte les passagers pourraient-ils faire contre les compagnies aériennes?
8   Pourquoi s'agit-il d'un problème international?
9   Quelles prévisions offre-t-on pour le reste de l'été?

A vous maintenant!

1   Vous êtes employé(e) d'une compagnie aérienne à Orly. Vous devez expliquer à un groupe de voyageurs pourquoi leur vol vers Nice a plus de trois heures de retard.
2   Un(e) ami(e) français(e) qui habite à Nice doit venir à Londres le premier week-end de juillet. Il/Elle hésite entre l'avion et la formule train plus bateau. Quel conseil lui donnez-vous?

Avions : la grande pagaille

Les vols, depuis vendredi après-midi, ont connu des retards considérables. Aérodromes surchargés, couloirs aériens encombrés, grèves à Orly : les départs ont pris souvent une allure de cauchemar. Les attentes de trois à quatre heures étaient fréquentes.

Sur les calendriers des responsables de la navigation aérienne, les vendredi 1er, samedi 2 et dimanche 3 juillet étaient entourés d'un énorme trait rouge. Depuis longtemps, tant à la direction générale de l'aviation civile qu'au siège des compagnies aériennes, tout le monde savait qu'à ces dates correspondraient une pagaille et des retards rarement atteints dans le ciel de France (nos éditions du 20 juin).

La catastrophe était prévisible, et elle fut bien réelle. Dans tous les grands aéroports français, des milliers de passagers ont passé une bonne partie de leur week-end à scruter les panneaux horaires dans l'attente d'un hypothétique décollage, généralement reporté d'heure en heure. A Paris, Nice, Toulon, Marseille et Bastia, les voyageurs ont consacré leur premier jour de vacances à surveiller leur montre en faisant la queue aux comptoirs d'enregistrement ou en patientant dans les salles d'embarquement.

Vendredi par exemple, un vol vers Nice programmé à 21 h 30 n'a décoller qu'à 1 heure du matin, samedi. Hier en tout début de matinée, les vols entre Paris, Toulon ou Marseille étaient déjà saturés et comptaient une ou plusieurs heures de retards. Ce qui laissait augurer d'une soirée difficile. En matière de transports aériens aussi, les retards ne se rattrapent jamais. Ils ont même tendance à s'accumuler pour créer des situations inextricables.

« Les avions font plusieurs rotations sur la même ligne, explique-t-on à Air Inter. Supposons, par exemple, que le premier Paris-Toulon, le matin, ait une demi-heure de retard, il est malheureusement fatal que le vol retour soit décalé d'une heure à son tour. Et ainsi de suite. Plus la journée avance et plus le retard s'accroît. C'est une progression mathématique inévitable. A partir d'un certain stade, la machine s'emballe et nous ne pouvons même plus tenter de « gérer » la pagaille. Les décisions ne sont plus de notre ressort. »

PAR JEAN-LOUIS DEBIEUVRE

Il faut, en effet, savoir que pour décoller, les avions disposent d'un créneau horaire déterminé à l'avance. Quand, pour une raison ou une autre, ils ne peuvent l'utiliser, ce sont les contrôleurs aériens qui donnent le feu vert suivant la disponibilité des pistes et de l'espace. Il y avait un tel trafic ces jours derniers que trouver un temps mort pour faire partir un avion retardé relevait de l'exploit.

Corde raide

A Orly et Roissy, près de 1 300 mouvements ont été comptabilisés vendredi contre 900 en moyenne quotidienne, soit 40 % d'augmentation. Dans ces mêmes aéroports, plus de mille vols étaient programmés samedi : 555 ayant été enregistrés à Orly et 464 à Roissy. C'est le premier nommé qui a le plus souffert de cet accroissement du trafic. La saturation de l'espace aérien n'est pas seule en cause pour expliquer les retards qui ont marqué cette journée noire. S'y ajoutaient également une grève au sol des pompiers et de certains agents de pistes, ainsi que la situation au centre de contrôle aérien d'Aix-en-Provence où un conflit latent oppose les syndicats aux autorités dont dépendent tous les vols vers le sud du pays.

L'importance du trafic a d'ailleurs amené les autorités à prolonger durant le week-end de trois heures et demie l'ouverture de l'aéroport d'Orly. Celui-ci fonctionne habituellement de 6 heures à 23 h 30. Il est resté exceptionnellement ouvert jusqu'à 3 heures du matin pour absorber le trop-plein de passagers en attente. A Marseille-Marignane, l'atmosphère était tendue vendredi où tous les vols en provenance ou à destination de la capitale avaient entre trois et cinq heures de retard. Le passage des cent soixante mouvements habituels à deux cents vols ce jour-là avaient suffi à désorganiser l'ensemble du trafic.

Rançon du succès

« Tant que tout le monde voudra partir le même jour vers les mêmes destinations, expliquait hier un représentant de la navigation aérienne à Orly, *le problème est insoluble. On peut toujours apporter des améliorations sur des points précis, mais on ne traitera pas l'ensemble de la situation. »* Rançon du succès, l'avion est aujourd'hui victime des mêmes contraintes que les autres moyens de transport. *« En 1950,* poursuivait ce responsable, *les routes n'étaient pas saturées lors des grands départs. Aujourd'hui, tous les Parisiens trouvent sinon normal, du moins logique, de passer deux heures dans les embouteillages de l'autoroute de l'Ouest le vendredi soir. Ou encore de mettre huit heures pour aller à Lyon au moment des départs de février. Les mentalités des automobiles ont évolué, il faudra que celles des voyageurs aériens sachent aussi s'adapter ».*

Un raisonnement qui, à voir la mauvaise humeur et la tension qui régnaient tant dans les aéroports parisiens que dans ceux de province, est loin d'être partagé par les usagers. D'autant que, une nouvelle fois, les compagnies aériennes n'ont pas assuré – ou fort mal – le minimum d'information que les passagers sont en droit d'attendre.

Il reste que l'amélioration du trafic en période de pointe passera nécessairement par une meilleure concertation entre les pays européens. Les ministres des Transports de la Communauté ont d'ailleurs posé les premiers jalons d'une telle concertation le 20 juin dernier. En effet, ce n'est pas tant le trafic intérieur français que les survols du territoire qui pénalisent le système. Ceux-ci représentent près de la moitié des mouvements qu'ont à gérer les contrôleurs. Passage obligatoire de toutes les routes aériennes nord-sud, la France est le carrefour des vacanciers de tous les pays : Suédois vers le Maroc, Danois vers l'Espagne, Allemands vers les Baléares ou... Parisiens vers la Corse.

Selon les responsables de la navigation aérienne, la situation devrait s'améliorer aujourd'hui mais la grève d'Air Inter, qui se poursuit, risque d'empêcher un retour à la normal. L'été est encore long et les problèmes du dernier week-end se répéteront – les spécialistes l'affirment – le 1er août prochain ainsi qu'à l'occasion des « ponts » du 14 juillet et du 15 août.

J.-L D.

Les bouchons du ciel

Comment dirais-je?

Etude grammaticale

Vous savez que la règle générale veut qu'il y ait toujours un article devant un substantif en français. Cependant, il y a des cas où l'article est omis; par exemple, devant les chiffres, devant des adjectifs comme *plusieurs*, *certains*, ou en cas d'apposition. Voici des phrases qui ont été utilisées dans l'un ou l'autre des deux reportages. A vous d'introduire l'article défini aux cas où il le faut. Si vous jugez que l'article doit être omis, mettez un **X**.

1   Tout se gâte vers_____ midi.

2   Les vols en_____ provenance ou à_____ destination de la capitale avaient_____ trois heures de retard.

3   _____ voyageurs ont surveillé leur montre en faisant_____ queue.

4   Il faut même annuler_____ certains vols.

5   _____ passage obligatoire des routes aériennes nord-sud,_____ France est_____ carrefour des vacanciers.

6   _____ France va battre tous_____ records de trafic aérien.

7   En_____ matière de transports aériens_____ retards ne se rattrapent jamais.

Etude lexicale

a   Les deux reportages parlent de problèmes survenus au moment des grands départs. Trouvez des locutions dans les textes pour remplacer les phrases soulignées.

1   <u>Le nombre d'avions</u> a amené les autorités à prolonger l'ouverture d'Orly.

2   Les halls d'embarquements <u>débordaient.</u>

3   <u>La situation difficile</u> était prévisible.

4   La France allait battre les records <u>d'aéroports surchargés.</u>

5   Les décollages ont été <u>de plus en plus retardés.</u>

6   Les dates des départs en vacances correspondaient à <u>un grand désordre.</u>

b   Vous devez expliquer à un(e) ami(e) qui va voyager en avion pour la première fois ce qui va se passer après son arrivée à l'aéroport. Voici six termes dont vous aurez besoin.

le comptoir d'enregistrement, le panneau horaire, la salle d'embarquement, la piste, le décollage, l'atterrissage

En dernière analyse

L'avion est-il le meilleur moyen de transport pour partir en vacances à l'étranger? Et comment voyez-vous l'évolution du trafic aérien d'ici 20 ans?

12 Tracés du TGV

Le TGV – le train à grande vitesse – met Lyon à deux heures de Paris depuis octobre 1981. Par la suite le gouvernement français a investi des sommes considérables pour prolonger le premier tracé du TGV, et puis pour créer de nouveaux réseaux. A l'avenir les TGV desserviront plusieurs régions, comme l'ouest de la France où le TGV-Atlantique a déjà été inauguré. Dès que le Tunnel sous la Manche sera achevé un TGV-Nord reliera Paris-Calais. Mais notre document télévisé explique que certains habitants du Nord sont déçus par le tracé que le gouvernement a annoncé. D'autre part, un TGV-Méditerranée est prévu pour le Sud-Est, mais cela ne va pas sans controverse non plus, comme le constate l'article du *Figaro*. La Provence est une des plus belles régions de France, et ses habitants acceptent très mal que le progrès vienne interrompre le calme de leur paysage.

Document télévisé

Regardez le reportage sur le tracé du TGV-Nord.

Compréhension globale

Dans cette affaire du TGV, quelle est l'importance de la position géographique des villes en question: Paris, Amiens, Lille et Calais?

Compréhension approfondie

1   Quels sont les points de contraste entre Amiens et Villers-Bretonneux?
2   Comment les habitants d'Amiens auront-ils accès au TGV?
3   Quelle est l'importance de Calais dans le tracé du TGV?
4   Pourquoi a-t-on préféré passer à côté d'Amiens?
5   Quel serait l'avantage d'un trajet direct Amiens-Calais?
6   On accuse la SNCF de vouloir «rayer de la carte deux villes de 40.000 habitants». Comment faut-il entendre cette expression?

A vous maintenant!

1   Vous êtes habitant(e) d'Amiens. Ecrivez une lettre au ministre des Transports pour protester contre sa décision de changer le tracé du TGV.
2   Selon vous, est-ce que la formule «TGV – tunnel sous la Manche» va changer beaucoup les voyages entre la France et la Grande-Bretagne?

Article de journal

Lisez l'article sur les opposants au TGV-Méditerranée.

Compréhension globale

Exprimez en d'autres termes le sens des titres de l'article.

Compréhension approfondie

1   Qu'est-ce que Michel Delebarre vient de faire?
2   Quelle réaction cela a-t-il provoquée?
3   Qu'est-ce que la SNCF a dû faire?
4   Quand a-t-on pu rétablir un service normal?
5   Qu'est-ce que les manifestants réclament?
6   Pourquoi sont-ils opposés à la création d'une ligne en site propre?
7   Quelle sera le rôle de la nouvelle mission annoncée par le ministre?
8   Les maires qui doivent se réunir à Châteaurenard sont de quel parti politique?

A vous maintenant!

1   Préparez un article pour *Le Figaro* sur le problème du TGV dans la région Amiens-Lille.
2   Préparez un reportage de deux minutes pour Antenne 2 sur le problème du TGV-Méditerranée.

TRANSPORT

Les opposants au TGV-Méditerranée durcissent leur mouvement

Loin de calmer le jeu, les déclarations du ministre des Transports au sujet du TGV-Méditerranée ont ravivé les réactions des opposants au projet.

La décision de Michel Delebarre, ministre des Transports, d'écarter certains projets de tracé du futur TGV-Méditerranée n'a pas désamorcé la crise mais a, au contraire, exaspéré les opposants au train à grande vitesse en Provence. Dénonçant « *un nouveau diktat de Paris* », ils ont mené ce week-end l'action la plus dure depuis janvier, en bloquant la ligne Marseille-Paris toute la nuit de samedi à dimanche. La SNCF a dû détourner 35 trains de voyageurs, essentiellement des vacanciers en ce premier week-end d'août, via Nîmes, occasionnant des retards de trois à six heures. Une dizaine de convois de marchandises ont en outre été annulés.

Bras de fer

Samedi, à 20 h 30, plusieurs centaines de manifestants venus du Var, du Vaucluse, des Bouches-du-Rhône ainsi que du Gard, et accompagnés d'élus locaux, ont occupé trois gares, dont celle de Barbentane, sur la ligne Marseille-Paris, et pris position sur les voies. Les CRS sont intervenus, sans incident, vers minuit, pour dégager la gare, point stratégique pour le rétablissement du trafic. Les manifestants se sont alors réfugiés un peu plus loin. Les barrages n'ont été levés que peu avant l'aube, le trafic revenant à la normale en début de matinée.

Les manifestants avaient cette fois décidé de bloquer le trafic « *pour une durée illimitée, afin de signifier leur opposition totale aux choix de Michel Delebarre* ». Après s'être opposés depuis janvier à la SNCF, dont ils dénoncent l'« *absence de concertation et l'arrogance* », les associations, tout comme les maires des communes touchées par les tracés, attendaient en effet du ministre deux décisions. D'abord, qu'il se prononce en faveur de l'utilisation des couloirs ferroviaires existants et non pour la création d'une ligne en site propre, qui « *saccagerait la Provence pour gagner quelques minutes* ». Ensuite, qu'il crée une « *commission des sages, indépendante de la SNCF* », chargée de mener une « *véritable concertation* » avec les responsables provençaux. Sur ces deux points, les opposants estiment que Michel Delebarre « *les a trahis* ».

Le ministre avait annoncé, jeudi, sa décision d'écarter certains tracés à l'étude — notamment dans la Drôme et le Vaucluse — et de nommer une mission chargée de « *faire toutes suggestions utiles pour la bonne insertion de la ligne nouvelle* ». « *M. Delebarre a en fait fixé, sans consultation, un tracé définitif dans les Bouches-du-Rhône, à destination de Marseille et vers le Var* », s'insurge André Boulard, porte-parole de l'Union Durance-Alpilles, l'une des associations à la pointe « *de la lutte* », ajoutant : « *Dès lors, à quoi va servir sa mission ?* » Un point de vue que partagent les maires des 34 communes du département concernées par le projet, qui s'en prennent, toutes tendances politiques confondues, « *à une violation de la décentralisation* ». Déterminés à poursuivre leur bras de fer avec le gouvernement, ces derniers doivent se réunir aujourd'hui à Châteaurenard pour fixer la suite de leur action, qui pourrait se traduire par une nouvelle occupation des voies.

Comment dirais-je?

Etude grammaticale

Dans le reportage télévisé, nous trouvons deux exemples de verbes de perception suivis d'un infinitif. Notez l'inversion du sujet et de l'infinitif – trait assez courant dans un bon français quand il n'y a pas de complément d'objet.

*Ils ont **entendu gronder** la colère en Picardie.*
*On reste à quai, **regardant passer** le train du progrès.*

Utilisez la même structure pour relier les phrases suivantes.

Exemple:

Ils ont vu l'avion. Il décollait.
Ils ont vu décoller l'avion/Ils ont vu l'avion décoller.

1 Nous avons vu les voyageurs. Ils descendaient.

2 Les manifestants ont regardé les CRS. Ceux-ci écartaient les obstacles.

3 Un camion chargé de briques arrivait. Les enfants l'ont entendu.

4 Au loin un chien aboyait. Maryse l'avait senti.

5 Le maire a observé les vacanciers. Ils s'installaient sur le terrain de camping.

Etude lexicale

a Dans le reportage télévisé vous remarquerez certains verbes qui se construisent avec *de* + complément ou avec *en*. Ils vous permettront de remplacer les phrases soulignées.

1 Tout le monde <u>serait gêné par le</u> manque de 10.000 logements.

2 Les Picards <u>n'auront pas de</u> nouvelle gare.

3 La SNCF ne veut pas <u>changer son point de vue</u>.

4 Il <u>faudra</u> se rendre à Villers-Bretonneux pour <u>utiliser le</u> TGV.

5 Les habitants de la région <u>sont étonnés</u>.

b Les deux reportages parlent de protestations. Voici quelques termes utilisés. Employez chaque terme pour compléter le texte suivant.

barrages, bloquer, bras de fer, dégager, manifestants, occupation, opposants

> Un nouveau_____ s'annonce entre le gouvernement et les_____ au TGV-Méditerranée. Ceux-ci ont pris le parti de_____ le trafic samedi dernier sur la ligne Marseille-Paris. Comme ils ont refusé de lever les_____, les CRS ont dû intervenir pour_____ la gare. Les_____ menacent pourtant de renouveler leur_____ des voies bientôt.

En dernière analyse

Comparez les réactions des habitants d'Amiens et celles des Provençaux évoquées dans les deux reportages. Comment expliquer les différences à votre avis? Pourquoi le réseau TGV est-il un enjeu considérable pour un pays tel que la France?

Le social et la santé

La Grande Arche
de la Défense

13 Réaménagement de la région parisienne

Tout au long des siècles, Paris s'est étalé. Les 20 arrondissements qui constituent le centre-ville ne suffisent plus à abriter tous les logements, bureaux et commerces des Parisiens, et de nouveaux quartiers, voire des villes nouvelles, ont été aménagés dans les banlieues. Les deux reportages de cette Unité présentent notamment le quartier de La Défense, nouveau centre d'affaires de Paris, situé à l'ouest de l'Arc de Triomphe de l'Etoile. Cependant, comme c'est le cas dans d'autres grandes villes, la création d'un nouvel axe a entraîné des problèmes au niveau des logements et des transports, de sorte que le gouvernement se voit obligé d'envisager des solutions radicales.

Document télévisé

Regardez le reportage sur la région parisienne.

Compréhension globale

1. Pourquoi est-ce que beaucoup de gens habitent l'est de Paris, tout en travaillant à l'ouest?
2. Y a-t-il de nouveaux projets pour améliorer la condition des transports à Paris?

Compréhension approfondie

1. Quelle évolution les Parisiens peuvent-ils constater depuis 10 ans en ce qui concerne les voyages quotidiens?
2. Comment est l'ouest de Paris?
3. Décrivez le voyage quotidien de Claudine.
4. Qu'est-ce que Claudine espère pour l'avenir?
5. Aimerait-elle habiter l'ouest de Paris?
6. Quelles mesures l'Etat va-t-il prendre pour favoriser la construction des logements à l'ouest de Paris?
7. Quel est l'objectif du plan Rocard?
8. Le plan «EOLE», qu'est-ce que c'est?
9. Quels projets gouvernementaux sont destinés à aider les automobilistes?

A vous maintenant!

1. Vous préparez une interview avec Claudine et sa famille: faites une liste de 10 questions que vous aimeriez leur poser.
2. En vous inspirant du reportage, rédigez un court article (250 mots) sur «La qualité de la vie professionnelle et familiale dans la banlieue parisienne».

Article de journal

Lisez l'article sur le chantier du siècle.

Compréhension globale

1. Faites un résumé en une seule phrase des buts de ce projet.
2. Quelle est sa qualité originale?

Compréhension approfondie

1. Quelle est la durée prévue des travaux?
2. Comment les proportions logements/bureaux vont-elles changer?
3. Comment va-t-on financer cette opération?
4. Quand les bureaux seront-ils prêts?
5. Quels aménagements des transports sont prévus?
6. A part les sociétés de commerce, quels autres établissements sont installés à La Défense actuellement?

A vous maintenant!

1. Pour écrire cet article, le reporter Paul-Henri Kern a dû sans doute assister à une conférence de presse où M. Michel Delebarre a annoncé le projet. Préparez une liste de questions susceptibles de fournir l'information donnée par M. Kern dans son article.
2. Maintenant, travaillant en groupe ou avec un(e) partenaire, essayez de faire une reconstruction de la conférence de presse.

Le chantier du siècle

Le plus important quartier d'affaires d'Europe va doubler sa superficie. « L'axe historique » Louvre-Étoile-Grande Arche prolongé de 2 km.

La France va lancer sa plus vaste opération d'aménagement urbain de la fin du XX° siècle, en doublant la superficie du quartier d'affaires de La Défense et en prolongeant de 2 km « *l'axe historique* » de Paris, qui relie le Louvre à la Grande Arche, a annoncé hier Michel Delebarre, ministre de l'Équipement, du Logement et des Transports. Ce chantier s'étalera sur 10 à 15 ans. Les investissements dépasseront 10 milliards.

Ce projet ambitieux doit se développer à partir de la Grande Arche jusqu'à la Seine, à Nanterre, sur une superficie de 170 à 180 hectares. La Défense occupe actuellement 80 hectares répartis sur trois communes, Courbevoie, Puteaux et Nanterre.

« *Ce projet est une des grandes ambitions d'aménagement urbain de la région Ile-de-France*, a dit le ministre, *et sera conçu pour apporter enfin l'équilibre souhaité entre les logements et les emplois.* »

Enfouir l'A 14

On construira en effet 600 000 mètres carrés de bureaux, mais deux fois plus de logements : 1,200 million de mètres carrés, dont 80 % de logements dits intermédiaires ou aidés. 300 000 m² de locaux sont prévus pour l'université de Nanterre. Ces ensembles seront répartis autour d'un grand boulevard urbain de 120 mètres de large (presque le double des Champs-Élysées), sur lequel s'articuleront avenues, jardins, places et ronds-points. Dans le prolongement de l'axe Louvre-Étoile-Grande Arche, cette avenue descendra jusqu'aux rives de la Seine, côté île de Chatou.

Le ministre a, par ailleurs, décidé d'enfouir l'A 14, jusqu'alors prévue en surface, depuis la Grande Arche jusqu'à l'échangeur de l'A 14 avec l'A 86, de modifier le tracé de la ligne A du RER (pour le faire passer sous l'université de Paris-X Nanterre) et de déplacer la RN 314 pour la rapprocher des voies SNCF. « *Une vraie ville*, dit Michel Delebarre, *ne peut plus s'accommoder de telles nuisances et de telles coupures.* »

L'Établissement public de La Défense (Epad), qui propose le nouveau schéma, d'après un rapport établi l'an dernier par Émile Biasini, secrétaire d'État chargé des grands travaux, estime le coût global de cette opération ambitieuse à une dizaine de milliards de francs. Les premiers travaux d'infrastructure seront financés par la commercialisation des 130 000 mètres carrés supplémentaires de bureaux réalisés avec la reconstruction de la tour Esso, dans l'actuel quartier d'affaires.

Les responsables de l'Epad soulignent que la réalisation de la première phase (22 milliards de francs) n'a pas coûté un centime aux contribuables et que celle de la deuxième est d'ores et déjà équilibrée au-delà de 10 ans.

Au voisinage de l'université de Paris-X Nanterre vont être implantés aussi la nouvelle école d'architecture, un centre pour animateurs de ville et diverses autres fondations concernant la recherche et la culture. Les bureaux de l'opération seront livrés dans les années 95-96, en même temps que 3 500 logements. La ligne de métro n° 1 sera alors prolongée jusqu'à La Défense (en trois ans) et les premiers tronçons des lignes Météor et Éole, destinées à soulager la ligne A du RER, seront achevés.

« *Pour la première fois*, conclut le ministre, *politique d'urbanisation et politique des transports progresseront de pair.* » Une consultation internationale sera lancée à l'automne pour l'achèvement de ce qu'on désigne déjà comme le plus grand et le plus bel axe urbain du monde.

Paul-Henri KERN.

90 000 salariés, 30 000 habitants

En 1990, plus d'un million de visiteurs sont attendus sur le toit de l'Arche de la Défense, démontrant ainsi le succès de ce quartier, essentiellement d'affaires jusqu'à maintenant.

22 milliards de francs ont été investis depuis 1958 dans cette gigantesque opération d'aménagement. Actuellement, 2,2 milliards de mètres carrés de bureaux, où travaillent 90 000 personnes, ont été construits, ainsi que 15 000 logements habités par 30 000 personnes. A l'origine, les deux secteurs devaient avoir la même importance.

La Défense comprend également un centre commercial de 105 000 m² desservis par 26 000 places de parking, la ligne A du RER, 18 lignes d'autobus, 2 lignes SNCF et, en 1992, la ligne n° 1 du métro.

Le quartier abrite 650 sociétés, dont la moitié des 20 premières entreprises françaises et le seul ministère installé hors Paris, le ministère de l'Équipement, du Logement, des Transports et de la Mer.

Réaménagement de la région parisienne

Comment dirais-je?

Etude grammaticale

Le gouvernement a proposé un nombre de projets ambitieux pour améliorer le logement et les transports parisiens. Voici quelques structures qui annoncent ces projets. Distinguez entre:

– les verbes + *à* + infinitif
– les verbes + *de* + infinitif

*Une taxe nouvelle **servira à** financer les logements.*
*Le projet METEOR **vise à** doubler une ligne du RER.*
*Ces lignes sont **destinées à** soulager la ligne A du RER.*

*L'Etat **envisage de** freiner les bureaux.*
*Le gouvernement **a décidé d'**enfouir l'A14.*

Vous faites partie d'un comité qui doit préparer un rapport sur le logement à Paris en l'an 2000. Vous êtes chargé(e) d'expliquer vos propositions à la presse. Utilisez les notes ci-dessous et les structures que vous venez d'étudier pour vous aider.

1. geler les loyers dans certains quartiers
2. racheter des terrains à l'ouest de Paris
3. 10.000 logements sociaux par an
4. jardins et places pour aérer Nanterre
5. immeubles autour d'un centre commercial
6. des cinq- ou six-pièces près de La Défense

Etude lexicale

Pour parler du réaménagement d'une ville, il faut savoir désigner les bâtiments et les terrains. Voici quelques termes qui sont employés dans les deux reportages. Vérifiez leurs sens, et puis utilisez-les pour compléter les phrases suivantes.

le chantier, le quartier d'affaires
la superficie, la tour
les bureaux, les habitations, les locaux,
les logements sociaux

1. A l'ouest de Paris il existe déjà un grand nombre de _____.
2. Le gouvernement prévoit de doubler _____ de La Défense.
3. Les _____ à l'est de Paris coûtent moins cher.
4. On construira de nouveaux _____ pour l'université de Nanterre.
5. La Défense est essentiellement _____.
6. La SNCF doit céder un de ses terrains pour que le gouvernement puisse faire construire des _____.
7. Dans les nouveaux quartiers _____ est la forme architecturale la plus courante.
8. Les projets pour réaménager La Défense en font _____ du siècle.

Choisissez une autre ville que vous connaissez (chez vous ou en France) qui a été réaménagée. Faites-en la description.

En dernière analyse

Avez-vous fait l'expérience de vivre dans une grande ville? Les problèmes sont-ils les mêmes que ceux évoqués dans les reportages sur Paris?
ou
Accepteriez-vous plus tard de vivre dans une grande ville? A quel prix?

14 Les droits de l'enfant

«L'humanité se doit de donner à l'enfant le meilleur d'elle-même» affirme la «Déclaration des droits de l'enfant», acceptée par l'Assemblée nationale en 1959. Dans les sociétés des pays développés, la loi cherche à protéger l'enfant. Ainsi est-il interdit de martyriser un enfant, ou de le faire travailler en bas âge. Mais les jeunes Français sont-ils satisfaits de la façon dont les adultes se comportent vis-à-vis d'eux? Le document télévisé nous apporte les résultats d'un sondage à ce sujet. Quant aux enfants de certains pays sous-développés, leur sort est gravement inquiétant. Un reportage publié à la veille du «Sommet mondial pour l'enfance» rend compte des abus les plus flagrants.

Document télévisé

Regardez le reportage sur les droits de l'enfant.

Compréhension globale

1. Quels droits les enfants veulent-ils avoir?
2. Dans le contexte scolaire, qu'est-ce qui gêne les enfants?

Compréhension approfondie

1. Qui a effectué le sondage? Auprès de qui?
2. Qu'est-ce que les enfants pourraient faire, par exemple, sans demander l'autorisation des adultes?
3. Qu'est-ce que la première jeune fille exige de la part de sa mère?
4. Quelles sortes de punitions existe-t-il? Lesquelles sont jugées acceptables?
5. Quel exemple donne-t-on des problèmes qui risquent de survenir à l'école?
6. Les enfants offrent quelles illustrations d'une injustice?

A vous maintenant!

1. A partir de ce reportage, essayez de reconstituer le sondage sur les droits de l'enfant. Quelles autres questions devrait-on y ajouter?
2. Sujets de débat:
   – Pourquoi les rapports entre parents et enfant sont-ils souvent crispés? A qui la faute?
   – Comment améliorer la qualité de la vie familiale?

Article de journal

Lisez l'article sur les enfants sans frontières.

Compréhension globale

Ayant lu l'article, comment expliquez-vous le titre?

Compréhension approfondie

1. Que veut dire «La souffrance se passe d'exégèse»?
2. Que dit-on sur les enfants-travailleurs?
3. Pourquoi y aura-t-il des millions d'orphelins en Afrique?
4. Pourquoi les leaders du tiers monde cassent-ils souvent leur tirelire?
5. Où ont-ils fait des économies à tort?
6. Que font les «enfants-esclaves»?
7. De quels crimes a-t-on été coupable en Irak, selon Amnesty International?
8. Comment vivent les «enfants-déchets»?
9. Les enfants-soldats, sont-ils des volontaires?
10. Qui est la Mère Teresa?

A vous maintenant!

Ecrivez une lettre au Premier ministre avant son départ pour le «Sommet mondial pour l'enfance» pour lui demander d'intervenir pour aider les enfants qui souffrent.

Enfants sans frontières

Ce week-end, à New York, le « Sommet mondial pour l'enfance » réunira une pléiade de chefs d'État et de gouvernement. Mais qui, en France, demain, continuera de mener ce beau combat ?

Il n'y a pas que la géopolitique, le cliquetis des armes, les rapports de force. Il y a aussi les cris du cœur. En voici un, tout simple, qui ne modifiera évidemment pas le cours des planètes mais qui rappellera, peut-être, à notre classe politique qu'il existe de vraies causes. Par exemple : le malheur des enfants.

PAR PATRICK WAJSMAN

Les chiffres sont pathétiques. Ils parlent d'eux-mêmes. On me pardonnera – une fois n'est pas coutume – de les livrer sans longs commentaires, sans démonstration, en retenant ma plume. La souffrance se passe d'exégèse.

Au moment où j'écris ces lignes, dans quelques lointaines antichambres de l'Enfer, dans le tiers monde, 150 millions d'enfants sont contraints de travailler pour survivre. Plus de 40 000 enfants meurent, chaque jour, faute de soins et de nourriture (15 millions de victimes par an, si l'on ne fait rien). Au moins 30 millions d'enfants vivent dans la rue. Des millions d'enfants sont, directement ou indirectement, victimes de la guerre. Et en l'an 2000, en Afrique, 5 à 10 millions d'enfants, selon les estimations des experts, seront devenus orphelins à cause du Sida. Sans parler de ceux qui seront morts...

Face à cette détresse infinie, comment les privilégiés de la démocratie que nous sommes pourraient-ils détourner le regard ? Peut-on refuser de s'émouvoir lorsque l'on apprend que 250 000 enfants perdent la vue, chaque année, faute de vitamine A... alors que le prix d'une capsule n'est que de 0,60 F ?

Il est vrai que si les leaders du tiers monde ne cassaient pas aussi souvent leur tirelire pour acheter des armes, la situation serait moins dramatique : dans les 37 États les plus pauvres du globe, les dépenses de santé, depuis quelques années, ont chuté de 50 % et celles d'éducation de 25 % ! Mais il n'empêche : expliquer n'est pas guérir. Or, pour guérir, il faut commencer par mobiliser les consciences. Qui donc, parmi nos hommes politiques, prendra l'initiative d'une telle croisade ? Qui osera dire que, dès lors que des enfants sont en cause, les larmes n'ont pas de patrie ?

Il y a, d'abord, les larmes des enfants-esclaves. Faut-il parler des dizaines de millions de gosses – certains ont tout juste quatre ans ! – qui, en Inde, sont contraints de trimer comme des adultes, notamment dans le tissage des tapis ? Faut-il évoquer ces gamines du Bangladesh ou de Thaïlande qui, dès qu'elles atteignent une petite dizaine d'années, sont vendues par leurs familles à des tenanciers de maisons closes ? Faut-il citer le cas de ces petits Colombiens de cinq ans qui, pour quelques sous, travaillent du matin au soir dans des briqueteries et des carrières insalubres ?

Il y a, aussi, les larmes des enfants torturés. D'après *Amnesty International*, dix-huit pays se sont rendus coupables d'exécutions ou de tortures d'enfants. L'un des plus barbares, à cet égard, est sans nul doute l'Irak : garçons et filles y sont fréquemment martyrisés sous les yeux de leurs propres parents ! *Amnesty* cite également le cas de pères et de mères enfermés dans une cellule voisine de celle où se trouvent leurs nouveau-nés – des nouveau-nés que l'on prive délibérément de nourriture jusqu'à ce que leurs hurlements fassent « craquer » leurs parents et les poussent aux « aveux ». Saddam Hussein, décidément, est un immense libéral...

Il y a les larmes des enfants déracinés. Plus de la moitié des millions de réfugiés dans le monde sont des enfants de moins de quinze ans : Cambodgiens, Vietnamiens, Éthiopiens, Afghans, Mozambicains... Souvent orphelins ou séparés de leur famille, fuyant les horreurs de la guerre, les massacres, ils n'osent même plus épeler le mot « demain ».

Il y a les larmes des enfants-déchets. Près de 100 millions d'enfants – de Rio à Khartoum, de Port-au-Prince à Bogota – vivent dans la rue ou dans les égouts. Sans lois, sans hygiène, sans éducation, sans recours, prêts à tout. Au Brésil et en Colombie, des tueurs à gages leur donnent la chasse et les abattent comme des rats. Au Brésil, de janvier 1984 à juin 1989, 1 397 mineurs ont été, ainsi, assassinés (1).

Il y a les larmes des enfants-soldats. De l'Afghanistan à l'Angola, ils sont environ 200 000 à porter les armes et à combattre sur les champs de bataille les plus meurtriers. Ils ont entre 12 et 15 ans. Des dizaines de milliers d'entre eux ont été sauvagement raflés, arrachés à leur famille, incorporés de force. Là encore, faut-il se taire ?

Faut-il se taire lorsque, à Cuba, des mineurs de 12 à 16 ans sont incarcérés sans vrai motif, simplement parce que leurs parents sont hostiles au régime castriste ? Faut-il se taire lorsque, au Libéria, les différentes factions en lutte pour le pouvoir ne songent pas un seul instant à épargner les enfants ?

Encore une fois, qui dénonce, chez nous, toutes ces tragédies ? Qui les intègre dans le débat public ? N'étant pas beaucoup plus naïf que la moyenne de la population, je me doute bien que nos grands leaders politiques ne vont pas, du jour au lendemain, toutes affaires cessantes, s'improviser une âme de Mère Teresa ou de Joséphine Baker et se consacrer à temps plein aux enfants qui souffrent. Mais j'espère, néanmoins, qu'une étincelle jaillira. Car, comme l'a écrit jadis Saint-Exupéry, *« on ne voit bien qu'avec le cœur »*...

P. W.

(1) Le Point, *24 septembre 1990, p.104.*

Les droits de l'enfant

Comment dirais-je?

Etude grammaticale

Dans le document télévisé, les reporters posent des questions. Rappelez-vous qu'il existe trois manières de faire une question à partir d'une phrase déclarative (dont les deux premières sont illustrées dans ce document):

Les enfants ont-ils des droits?
(Inversion du sujet et du verbe: noter que l'inversion ne peut se faire qu'avec un pronom.)

Vous dépensez l'argent?
(Ordre de mots normal: interrogation signalée par l'intonation.)

Est-ce que les enfants sont sensibles à l'injustice?
(La locution *est-ce que* est employée en tête de phrase.)

La première forme est utilisée surtout dans le langage écrit, ou dans des contextes plus officiels; les deux autres formes sont plus courantes dans le français parlé.

C'est le secrétariat de l'Etat à la Famille qui a organisé le sondage auprès des élèves de cinquième et de sixième. Vous avez l'occasion d'interviewer un(e) représentant(e) de ce secrétariat au sujet de la vie familiale en France. Préparez une liste de cinq questions écrites que vous lui enverrez à l'avance, et cinq questions que vous lui poserez au cours de l'interview même.

Etude lexicale

L'article du *Figaro* cite des exemples émouvants des souffrances dont les enfants sont victimes. Trouvez des locutions dans le reportage pour remplacer les mots soulignés dans les phrases suivantes:

1. Des millions d'enfants <u>doivent</u> travailler pour survivre.
2. A Cuba des mineurs se trouvent <u>en prison.</u>
3. En Inde des enfants sont obligés de <u>travailler</u> comme des adultes.
4. Des nouveau-nés <u>ne reçoivent rien à manger.</u>
5. Cinq à dix millions d'enfants <u>perdront leurs parents</u> à cause du Sida.
6. De petits Colombiens travaillent dans des carrières <u>sales et dangereuses.</u>

En dernière analyse

Etablissez maintenant une charte des cinq droits primordiaux de l'enfant – et de ceux des parents. Justifiez vos idées prioritaires.

15 La médecine en France

Etre médecin, c'est toujours une profession très réputée. Cependant, quels sont les débouchés professionnels en France? Un jeune médecin est-il sûr de bien gagner sa vie? L'analyse d'Antenne 2 sur les médecins est à comparer avec les données que nous avons relevées sur les enseignants à l'Unité 4. Il existe, parallèlement, la grande industrie française du médicament, bien placée par rapport à ses concurrents étrangers. Celle-ci ne cesse de générer des emplois, comme le démontre l'article du *Figaro*.

Document télévisé

Regardez le reportage sur les médecins en France.

Compréhension globale

1 Peut-on parler de «surmédicalisation» partout en France?
2 Lesquels parmi les médecins sont les plus inquiétés?

Compréhension approfondie

1 Où y a-t-il trop de médecins?
2 Relevez les statistiques pour le nombre de médecins libéraux au cours de la dernière décennie.
3 Dans quelles régions la situation est-elle la plus grave?
4 Quels sont les problèmes pour les jeunes médecins?
5 Quels sont les revenus moyens des médecins?
6 Il y a actuellement combien de médecins libéraux? Et combien y en aura-t-il vers l'an 2010?

A vous maintenant!

1 Vous devez interviewer un jeune médecin généraliste, et un spécialiste près de la retraite. Faites une liste de six questions pour chaque interview.
2 Selon ce reportage, les médecins sont trop concentrés dans certaines régions et dans certains secteurs de la profession médicale. A votre avis, comment expliquer ces inégalités?

Article de journal

Lisez l'article sur l'industrie du médicament.

Compréhension globale

Ayant lu l'article, expliquez le sens du titre.

Compréhension approfondie

1 Résumez en une seule phrase le premier paragraphe de l'article.
2 Qu'est-ce qui caractérise la production des thérapeutiques en France?
3 Que font les entreprises pour assurer leur avenir?
4 Que dit-on sur la consommation des médicaments en France?
5 Quel est le prix relatif de ces produits dans différents pays?
6 Pourquoi les jeunes médecins sont-ils tentés de chercher un emploi dans l'industrie pharmaceutique?
7 Ecrivez en d'autres termes la dernière phrase de l'avant-dernier paragraphe («La plupart...»).
8 Qu'est-ce qui montre que la reconversion est une solution qui ne va pas durer?

A vous maintenant!

1 Vous avez un(e) ami(e) français(e) qui va entrer en faculté, et qui hésite entre des études de pharmacie ou de médecine. Quel conseil lui donnez-vous d'après cet article?
2 Sujet de débat: Qui devrait payer le prix des médicaments, la Sécurité sociale ou le malade? Quels facteurs entrent en ligne de compte?

L'industrie du médicament grosse consommatrice de matière grise

De nombreuses études paraissent, ici ou là, qui incitent les médecins en difficulté à quitter un cabinet peu rentable pour se tourner, pourquoi pas, vers une industrie pharmaceutique plutôt florissante. En témoignent les chiffres publiés par l'association Recherche et Santé qui publie sa carte verte, mini-document récapitulatif de l'évolution annuelle de l'industrie du médicament.

FRÉDÉRIQUE ELIOTT

ILS sont moins nombreux mais plus regroupés et efficaces : ainsi pourrait se résumer la situation quantitative des laboratoires français passés au nombre de 1 950 en 1960, à 507 en 1970 et descendus à 358 (dont un tiers à participation étrangère) en 1988. La France se situe au quatrième rang mondial des producteurs, mais également des exportateurs de médicaments (devant les Etats-Unis et le Japon mais après la RFA, le Royaume-Uni et la Suisse).

L'excédent de nos exportations a, d'ailleurs, atteint 8,4 milliards de francs en 1989. Autre donnée : la France commercialise 4 200 thérapeutiques, c'est bien moins que l'Italie, que la RFA et, surtout, que le Japon (plus de 15 000). En 1989, le chiffre d'affaires réalisé par l'industrie pharmaceutique s'est élevé, en France, à 57 060 millions de francs (contre 45 665 en 1987 et 20 063 en 1980). A l'exportation, il a atteint 12 470 millions de francs, mieux qu'en 1987 (10 030 millions de francs). Mais nos principaux concurrents progressent aussi vite, si ce n'est davantage.

Grosse consommatrice de matière grise, l'industrie du médicament investit 13 % de son CA dans la recherche. Les dix premiers laboratoires français indépendants, Servier en tête, ont même consacré, en 1988, 23 % de leur CA en recherche et développement. Au total, les fonds consacrés à la recherche croissent de 17 % chaque année.

Les sommes en jeu sont considérables : la mise au point d'un médicament réellement innovant s'échelonne de 300 millions de francs à un milliard de francs. La récente loi, qui prolonge de sept années la durée légale des brevets jusqu'alors limitée à vingt ans, constitue une véritable soupape et un encouragement significatif pour la recherche et l'innovation, incitation à persévérer dans des efforts aux fruits généreux. Cocorico ! La France a, en effet, retrouvé la deuxième place en matière d'innovation.

Mais le prix des médicaments reste le talon d'Achille de cette industrie. Si la part des thérapeutiques dans les dépenses de la Sécurité sociale est peu élevée, alors que les Français figurent parmi les plus gros consommateurs, c'est bien parce que le médicament français est l'un des moins chers du monde, bien moins que celui de ses principaux concurrents. Ainsi, en 1988, dernière année de référence, lorsqu'un médicament coûtait 100 F en France, il était vendu 107 F en Italie, 137 F au Royaume-Uni et même 205 F en RFA.

En dépit de ces tracasseries administratives, l'industrie pharmaceutique continue de générer des emplois. Recherche et Santé rappelle ainsi qu'elle embauche 73 430 personnes (chiffres de 1989 en hausse de 1,8 % par rapport à 1988), parmi lesquels 14 025 cadres et 10 300 chercheurs. Les emplois induits par l'industrie atteignent un total de 250 000.

De nombreux médecins et pharmaciens trouvent aujourd'hui une place de choix dans les laboratoires pharmaceutiques. Les médecins, dont l'accroissement démographique a été plus important que celui des pharmaciens au cours de la précédente décennie, sont en situation difficile : 180 000 sont inscrits à l'ordre (ils seraient 40 000 de plus en 2 010), dont 30 000 en situation ingérable ou déqualifiante, c'est-à-dire qu'ils effectuent moins de huit actes quotidiens. La plupart sont de jeunes généralistes venant tout juste de visser leur plaque et qui attendent, rivés au téléphone, l'hypothétique appel d'un patient.

Diversification, formation complémentaire, reconversion deviennent pour eux la seule voie de salut financière et psychologique. L'industrie pharmaceutique peut en accueillir certains, certains seulement. Depuis 1970, elle en a intégré 1 500 par an mais, selon toute vraisemblance, n'en accueillera pas plus de 150 à 200 d'ici à la fin du siècle. ■

La médecine en France

Comment dirais-je?

Etude grammaticale

Ces deux reportages nous citent des statistiques, et il s'agit de plusieurs comparaisons. D'abord notez l'emploi des formes *plus/moins **de*** + chiffre et *plus/moins **que*** + pronom/nom (sans chiffre):

*Vers l'an 2010 les médecins seront **plus de 200.000.***

*Pour les thérapeutiques, la France en commercialise **moins que l'Italie, que la RFA et surtout que le Japon.***

a Remplissez le blanc dans chaque phrase par *de* ou *que*.

1 Les jeunes médecins sont plus inquiets_____ leurs aînés.

2 Les généralistes sont plus nombreux_____ les spécialistes.

3 En 10 ans, la population française a augmenté de plus_____ 4%.

4 Le Sud attire plus de médecins_____ le Nord.

5 Les généralistes gagnent moins_____ 30.000 francs par mois, c'est-à-dire moins_____ les spécialistes.

b Maintenant, étudiez les prépositions qui permettent de donner d'autres statistiques. Comment compléter chaque phrase?

1 La France se situe_____ quatrième rang mondial des producteurs pharmaceutiques.

2 Ils gagnent 25.000 francs_____ mois.

3 Le chiffre d'affaires de cette industrie s'est élevé_____ 57.060 millions_____ francs.

4 Les jeunes médecins sont_____ bas de l'échelle.

5 Les brevets étaient limités_____ 20 ans.

6 Le chiffre de 1989 était_____ hausse_____ 1,8% par rapport_____ celui de 1988.

Etude lexicale

Ces reportages utilisent certains termes pour parler des médecins et des médicaments. Voici quelques définitions: trouvez les termes auxquels elles se rapportent.

1 l'ensemble des médecins

2 la somme due au médecin pour une consultation

3 un médecin qui ne travaille pas dans un hôpital

4 le lieu où le médecin vous reçoit

5 celui qui vend les médicaments

Ensuite, utilisez chacun des termes que vous aurez découverts pour expliquer le système médical de votre pays.

En dernière analyse

Les reportages de cette Unité se sont penchés sur ceux qui travaillent comme médecins ou bien dans l'industrie du médicament. Mais qu'en est-il des patients? La médecine publique, financée à 100% par l'Etat, est-elle toujours préférable à la médecine privée?

16 Infarctus – nouveaux traitements

L'infarctus (terme médical pour la crise cardiaque) est responsable de près de 100.000 morts en France chaque année. Il se pose deux questions urgentes. Comment éviter les infarctus? Et quels soins offrir à ceux qui en sont victimes? Les deux reportages de cette Unité – destinés aux non-spécialistes – nous font découvrir de nouveaux traitements pour dissoudre les caillots à la suite d'un accident cardiaque.

Document télévisé

Regardez le reportage sur un nouveau traitement après l'infarctus.

Compréhension globale

Quelle est l'importance des maladies du cœur en France?

Compréhension approfondie

1. Quel est le rôle de l'aspirine dans le traitement de ces maladies?
2. Où a-t-on fait l'enquête mentionnée dans le reportage?
3. Quels ont été les symptômes de la crise cardiaque de Germaine Pierry?
4. Qu'est-ce qui provoque la mort du muscle cardiaque?
5. Décrivez le nouveau traitement.
6. Quelles statistiques indiquent son succès?
7. Quel est l'élément essentiel de ce traitement?
8. Qu'est-ce qui indique que l'infarctus n'est pas réservé aux vieilles personnes?
9. Qu'est-ce qu'on peut faire pour réduire les risques de l'infarctus?

A vous maintenant!

1. Vous avez un(e) ami(e) qui est cardiaque. Ecrivez-lui pour l'informer de ce nouveau traitement.
2. Sujet de débat: Devrait-on faire plus pour encourager les gens à ne pas fumer?

Article de journal

Lisez l'article sur les «caillots» et la voie chimique.

Compréhension globale

Vous êtes journaliste d'Antenne 2. Essayez de convaincre le chef d'équipe de rédaction du Journal télévisé qu'il devrait vous permettre de présenter un reportage sur ce nouveau traitement.

Compréhension approfondie

1. Quand a-t-on commencé cette étude?
2. Où les résultats de ces expériences ont-ils été publiés?
3. Qu'est-ce qui provoque l'infarctus dans la plupart des cas, selon l'article?
4. Quelles devraient être les caractéristiques d'un médicament idéal?
5. Qui a découvert la substance dont il est question ici?
6. Où en France a-t-on participé à ces expériences?
7. Que font les SAMU pour rendre efficace ce traitement?
8. Quelles sont les deux méthodes d'administrer le médicament et laquelle semble être la plus efficace?
9. Sous quelles conditions ne devrait-on pas utiliser ce nouveau traitement?

A vous maintenant!

Le rédacteur du Journal télévisé vous a accordé une minute dans le programme pour faire un reportage sur ce nouveau traitement. Préparez votre texte.

Infarctus – nouveaux traitements

Une étude publiée par la revue « Lancet » sur les thrombolytiques

La voie chimique

Les « caillots », qui sont à l'origine de 80 % des accidents cardiaques graves, pourraient être dissous par de nouveaux médicaments d'un usage aisé, actuellement en cours d'expérimentation.

Le rêve de tous les cardiologues de disposer d'une substance capable de faire fondre les caillots intra-artériels qui bouchent brutalement les vaisseaux est-il en passe de se réaliser ? Depuis le mois d'août 1984, une étude européenne dont de premiers résultats viennent d'être publiés dans la revue britannique « Lancet » évalue, avec succès semble-t-il, l'efficacité d'une nouvelle substance thrombolytique (qui dissout les caillots), le T.P.A. (tissue plasminogene activator) dans le traitement immédiat de l'infarctus du myocarde.

En effet, 80 % des infarctus sont dus à des thromboses brutales qui bouchent une des artères coronaires dont le rôle est d'irriguer le muscle cardiaque. Une partie de celui-ci n'est plus desservi par le flux nutritif sanguin et se nécrose.

L'idée n'est pas nouvelle : dissoudre le caillot avant que les lésions caridaques constituées soient irréversibles. Tout le problème était de trouver le médicament, efficace, bien toléré, et surtout qui, en dissolvant le caillot, ne provoque pas des hémorragies en pertubant trop la coagulation du sang.

Le T.P.A. est une des premières substances dont les caractéristiques semblent se rapprocher le plus de cet idéal. Découverte par des chercheurs belges dans une culture de cellules, le T.P.A. vient d'être obtenu en grande quantité par les techniques du génie génétique. *« Ce serait un agent thrombolytique idéal,* explique le professeur Meyer Samama, chef du laboratoire d'hématologie de l'Hôtel-Dieu, *puisqu'il s'attaque à la fibrine du caillot, mais très peu au fibrinogène du sang circulant. »*

Une autre substance, découverte récemment, la « pro-urokinage » actuellement à l'essai, semble également être en bonne position dans la liste des médicaments thrombolytiques du futur.

L'équipe du professeur Jean Acar, de l'hôpital Tenon, fait partie d'un des trois groupes français qui expérimente le T.P.A. dans le cadre de cette étude européenne.

« Pour être efficace, il faut que le traitement commence le plus tôt possible. Si possible dans les trois heures suivant l'infarctus. Une fois passé les six premières heures, il est trop tard. estime le professeur Acar. *Les S.A.M.U. ont bien compris la dimension du problème et font un effort considérable pour que les malades arrivent très vite dans les services spécialisés. »*

D'une manière générale, les thrombolytiques peuvent être administrés par deux voies différentes. En l'état actuel des connaissances, il apparaît que le plus efficace est d'amener la substance au contact du caillot directement dans les artères coronaires, sous contrôle radiologique. Cela ne peut être fait que dans des centres hospitaliers particulièrement équipés en matériel et en personnels spécialisés. Un tel dispositif fonctionne entre autres à l'hôpital Tenon, vingt-quatre heures sur vingt-quatre. Il prend en charge les malades aux services d'urgences.

Contre-indication

« Il s'agit de poser un cathéter à partir de l'artère fémorale, ce qui permet de localiser exactement le caillot. Une fois celui-ci repéré, on injecte le médicament à son contact.

» Quand on suit le déroulement de la thrombolyse sous radiologie, les résultats sont réellement spectaculaires : on voit le caillot fondre et disparaître progressivement », dit le docteur Alec Vahadian, cardiologue (hôpital Tenon).

Un autre mode d'administration est possible. Le thrombolytique utilisé par perfusion intraveineuse a l'avantage d'être assimilé rapidement : le traitement, par ailleurs, ne nécessite ni matériel ni personnel spécialisé. Mais il semble, au gré des résultats préliminaires, que par cette voie de traitement, le taux de succès soit un peu faible.

D'autre part, sans contrôle radiologique, il n'y a pas de critères objectifs affirmant la désobstruction. Celle-ci peut être soupçonnée sur des signes indirects tels que la sédation de la douleur ou l'amélioration de l'électrocardiogramme. Dans ce cas, un examen radiologique pourra être effectué plus tard afin de bien vérifier que l'artère coronaire a bien été débouchée.

Il faut quand même savoir qu'il existe un échec dans environ 30 % des cas. Et que les thrombolytiques ne doivent pas être prescrits aux malades ayant des troubles de la coagulation sanguine, une hypertension artérielle sévère, à ceux qui viennent de subir une intervention chirurgicale, aux personnes âgées, à tous ceux qui arrivent à l'hôpital après le délai des dix heures.

Il faut également être conscient de l'autre dimension du problème : une fois que l'on a fait fondre le caillot, on a empêché la destruction partielle du muscle cardiaque, ce qui est déjà quelque chose d'exceptionnel. Mais si la thrombose s'est produite c'est que l'artère coronaire était malade : l'artériosclérose artérielle est le point d'appel du caillot.

Le pire évité, il faut encore empêcher que la thrombose ne se reproduise. Là est le rôle des traitements médicaux et chirurgicaux qui doivent être discutés après que la destruction du caillot ait été obtenue.

Il apparaît d'ores et déjà qu'une nouvelle famille de thrombolytiques est en train de voir le jour. Et les résultats préliminaires publiés dans le « Lancet » laissent espérer que ces substances ont un riche avenir.

**Docteur
Martine PEREZ.**

Infarctus – nouveaux traitements

Comment dirais-je?

Etude grammaticale

Dans ces deux reportages, nous pouvons relever des locutions qui nécessitent l'emploi du subjonctif. D'une part, deux conjonctions de subordination:

*On veut dissoudre les caillots **avant que les lésions soient irréversibles.***
(Avec la conjonction *avant que*, on peut introduire *ne* avant le verbe: *avant que les lésions **ne** soient irréversibles.*)

*Les SAMU font un effort considérable **pour que les malades arrivent** très vite.*

D'autre part, plusieurs locutions verbales:

Il faut que les gens comprennent ceci.

Il semble que le taux de succès soit un peu faible.
(Mais avec les formes *il me semble que…/il nous semble que…*, etc. l'indicatif remplace le subjonctif.)

Il faut empêcher que la thrombose ne se reproduise.
(Noter l'emploi du *ne* après *empêcher que*.)

Utilisez la locution indiquée pour réécrire les phrases suivantes.

Exemple:

Les Français doivent fumer moins. Il faut que…
Il faut que les Français fument moins.

1 Ce traitement ne risque pas de provoquer des hémorragies. *empêcher que…*

2 L'équipe du Professeur Aca doit tester cette substance. *Il faut que…*

3 Pour obtenir un traitement efficace, il faut administrer le TPA dans les trois heures suivant l'infarctus. *Pour que…*

4 Avant l'arrivée de l'ambulance, le malade a été soigné par son voisin. *Avant que…*

5 Selon les résultats préliminaires ces substances ont, paraît-il, un riche avenir. *sembler que…*

6 On croyait que Mme Pierry était très fatiguée au moment du repas. *sembler que…*

7 Les recherches se poursuivront avant la commercialisation du traitement. *avant que…*

8 Le médecin doit prescrire la streptocinase avec l'aspirine. *Il faut que…*

Etude lexicale

Voici quelques substantifs qui sont utilisés dans les reportages. Employez chaque terme pour remplir un blanc dans le texte suivant.

caillot, cardiologue, contrôle, douleurs, médicament, traitement, services d'urgences.

Témoignage de la victime d'un infarctus:

> Il y a deux mois, j'ai souffert d'un infarctus. Cela avait commencé par des _____ qui m'ont traversé tout le corps. Mon fils a appelé les SAMU, qui m'ont transportée aux _____ de l'hôpital Tenon. Heureusement, c'est un centre spécialisé, et un _____ a proposé d'essayer un nouveau _____ pour me donner de meilleures chances de survivre à l'infarctus. Il s'agissait de dissoudre le _____ qui me bouchait une artère. Le médecin a injecté un _____ qu'il appelait le TPA là où se trouvait mon caillot. Ensuite il m'a fait faire un _____ radiologique, et on m'a dit que l'obstruction était partie.

En dernière analyse

Le reportage télévisé se termine par des conseils pour diminuer le risque d'un infarctus. Il y a un dicton français «Mieux vaut prévenir que guérir». Est-ce vrai pour la santé? Quelles sont les consignes que vous-même vous respectez?

La science et la technologie

Le Futuroscope,
Poitiers

17 L'informatique

A mesure que le 20ème siècle touche à sa fin, le marché de l'informatique se taille une place de plus en plus importante. Les ordinateurs offrent des services multiples: un exemple, présenté par le reportage du *Figaro*, le diagnostic médical sur ordinateur. Cependant, certains secteurs de l'informatique sont tellement florissants qu'ils ont même inspiré de nouveaux crimes! Le document télévisé fait le point sur des virus qui ont menacé le parc informatique européen. Malgré les progrès scientifiques, c'est toujours une vieille superstition qui était à la base des craintes – la date du vendredi 13!

Document télévisé

Regardez le reportage sur le virus du vendredi 13.

Compréhension globale

1 Est-ce que le virus du vendredi 13 a touché la France?
2 Quel secteur du marché informatique est en pleine voie d'expansion?

Compréhension approfondie

1 Où est-ce que le virus a fait des ravages?
2 Combien d'ordinateurs français ont été infectés?
3 Quelle disquette certains constructeurs ont-ils proposée?
4 Comment pouvait-on obtenir la disquette de la revue spécialisée?
5 Les programmes anti-virus coûtent combien?
6 Que fait la police de La Haye?

A vous maintenant!

1 Vous travaillez pour un producteur de disquettes anti-virus. Rédigez un court article publicitaire (100 mots) à la suite du vendredi 13.
2 Dans quels secteurs de la vie quotidienne avez-vous affaire à des ordinateurs?

Article de journal

Lisez l'article sur le diagnostic sur ordinateur.

Compréhension globale

Ayant lu l'article, êtes-vous persuadé que cette notion de diagnostic automatique offre uniquement des avantages pour les malades?

Compréhension approfondie

1 Qu'est-ce que le système «Mycin»?
2 Qu'entendez-vous par «intelligence artificielle»?
3 Qu'est-ce que les systèmes d'intelligence artificielle offrent à la médecine?
4 Quelle est la première étape dans la préparation d'un programme informatique de diagnostic?
5 Qu'est-ce qu'une «règle de production»?
6 Quels programmes ont déjà été élaborés en France?
7 Comment peut-on évaluer un programme de diagnostic?
8 Où les ordinateurs seraient-ils installés et comment un médecin généraliste aurait-il accès à la banque de données?
9 Comment un tel système pourrait-il aider les malades eux-mêmes?

A vous maintenant!

1 En tant que représentant(e) d'un hôpital régional, préparez une lettre destinée aux médecins généralistes de votre région pour donner des détails sur le système de diagnostic par ordinateur qui leur est offert.
2 Essayez de préparer les questions pour un programme qui détecterait une maladie courante (mal de tête, fatigue, grippe intestinale, etc.)

MÉDECINE

Des techniques actuellement en cours d'expérimentation

Diagnostic sur ordinateur

— Quel est le nom du patient ?
— John Smith.
— C'est un homme ou une femme ?
— Un homme.
— Quel âge a-t-il ?
— Cinquante-cinq ans.
— Quel genre d'infection ?
— Bactériémie.
— Connaissez-vous le germe responsable ?
— Non.
— Quelle est la voie d'accès du germe ?
— Tube digestif.

Ce dialogue singulier a lieu régulièrement aux Etats-Unis entre « Mycin », système expert spécialisé en maladies infectieuses et un médecin qui a besoin de conseils. Après qu'un certain nombre d'informations eurent été données à l'ordinateur, celui-ci propose ses conclusions : « *Les recommandations seront basées sur le choix des germes suivants...* »

Les systèmes experts, encore appelés « *intelligence artificielle* », connaissent un développement explosif dans presque tous les domaines. En France, de nombreux services hospitaliers expérimentent actuellement des systèmes experts d'aide à la décision médicale.

Ces ordinateurs se proposent de reconstituer à l'aide d'outils logiciels des raisonnements dit « *intelligents* », c'est-à-dire mimant ou s'approchant du comportement humain.

La médecine est un domaine privilégié pour l'application de ces méthodes. Pour plusieurs raisons. D'abord la variété, l'abondance des connaissances et des raisonnements, rend impossible pour chaque médecin, l'acquisition d'un savoir universel. Ensuite, parce que la démarche du praticien est typiquement celle d'une gestion d'informations. Que fait le médecin ?

En interrogeant le malade, en l'examinant, en demandant des examens complémentaires, il acquiert des renseignements qu'il stocke, traite en fonction de ses propres connaissances. Au bout du compte, muni de toutes les données, il prend donc une décision thérapeutique.

Le système expert se propose de reproduire ce type de démarche.

Ces ordinateurs se distinguent par le fait qu'ils utilisent essentiellement des outils dits « *symboliques* » : ils manipulent non plus des chiffres, mais des concepts. Un bon système expert doit être capable de reproduire des connaissances et de proposer des conclusions aussi bien qu'un spécialiste. Pour arriver à de tels résultats, des cliniciens très compétents dans un domaine bien précis ont tenté de formaliser — c'est-à-dire de traduire en langage informatique — leur savoir et de le transférer dans un système qui soit utilisable par d'autres.

Les connaissances sont intégrées dans l'ordinateur sous forme de « *règles de production* ». Ces dernières représentent en quelque sorte « *l'unité élémentaire d'information* ». Une règle de production est une expression de la forme : « *si je me trouve dans telle situation... alors je dois conclure de telle façon.* »

Tout le savoir médical de l'expert doit être formalisé de cette manière : c'est la clef du système. Il ne sera satisfaisant que s'il accède à des concepts précis, justes et complets.

Toute la difficulté est là : réfléchir sur ses propres connaissances, sur son mode de raisonnement, l'exprimant dans un langage approprié et produire à un système représentant le raisonnement, la stratégie de l'expert qui l'a conçu. A la base, il y a un gigantesque travail de réflexion presque philosophique sur le sens, les modalités du raisonnement.

Phase d'évaluation

Mais avant de mettre ces ordinateurs entre les mains d'éventuels usagers, il faut procéder à une phase d'évaluation : c'est-à-dire comparer leurs réponses, pour un cas précis à celles qu'aurait fait un spécialiste. Cette phase est d'autant plus délicate qu'en médecine, il y a des écoles différentes et des divergences entre spécialistes. Un certain nombre de systèmes mis au point en France en sont à ce stade.

« *Il n'est pas question de lâcher dans la nature des produits qui ne sont pas parfaits* », dit le Pr Jean-François Boisvieux directeur du programme santé du Centre mondial informatique. « *Le système doit connaître ses limites et les annoncer.* » Par qui ce type de système va-t-il être utilisé ? D'ores et déjà, on peut imaginer plusieurs niveaux d'intérêt. Dans le service du spécialiste lui-même, quand celui-ci est absent, le médecin de garde pourra, par exemple, face à une situation délicate, interroger la machine qui proposera ses conclusions.

A l'hôpital Broussais, dans le service du Pr Joël Ménard, un système expert en hypertension artérielle existe.

Toute l'équipe a travaillé pendant très longtemps pour mettre au point les six cents règles de production qui constituent la base du système, actuellement en cours d'évaluation. « *Quand il aura été évalué, on peut imaginer qu'un médecin généraliste, à propos d'un hypertendu qui lui a posé un problème, puisse par l'intermédiaire de son minitel branché sur la banque de données de Broussais, demander son avis au système* » explique le Dr Chatellier.

Pour le docteur Boisvieux, « *ces ordinateurs en milieu hospitalier offrent un certain nombre d'avantages. Ils permettent grâce à leur mémoire de conserver des informations sur les malades. D'autre part, des économies pourraient être faites : en effet, quand un médecin a un doute, il se « couvre » en demandant beaucoup d'examens complémentaires qui coûtent cher, sont parfois inutiles, — et pas forcément anodins. Un expert qui proposerait une stratégie fiable permettrait de limiter les dépenses de santé en réduisant le nombre d'examens inutilement prescrits.*

En France, un certain nombre de systèmes d'aide au diagnostic ont été élaborés : en hypertension artérielle, asthme, diabète.

Education assistée

L'autre sphère d'utilisation pourrait concerner les usagers de la médecine eux-mêmes. Nous vivons dans un monde de maladies chroniques (hypertension, diabète, rhumatismes...), les malades ont souvent à prendre en charge et à connaître leur maladie. « *Un des objectifs est qu'un jour, le malade puisse avoir accès à une sorte d'éducation assistée par l'ordinateur* » affirme le Pr Boisvieux.

Par exemple, les diabétiques insulino-dépendants, même s'ils connaissent bien leur maladie, ont souvent des difficultés. Ces patients pourraient, eux aussi, avoir accès à une base de données qui les aiderait à résoudre des problèmes du type : « *Je n'ai pas mangé à midi, j'ai fait du sport, je ne me sens pas très bien, mais mon taux de sucre dans le sang est de 1,5 gramme... Que dois-je faire ?* »

... D'une manière générale, si ces systèmes sont appelés à devenir des outils d'aide à la décision médicale, il apparaît, à l'évidence, qu'ils ne se substitueront pas aux médecins.

Docteur Martine PEREZ.

L'informatique

Comment dirais-je?

Etude grammaticale

Dans l'article du *Figaro* il y a plusieurs exemples de l'emploi du participe présent:

*La difficulté est de réfléchir sur son mode de raisonnement, l'**exprimant** dans un langage approprié. Ces ordinateurs se proposent de reconstituer des raisonnements dits «intelligents»: c'est-à-dire **mimant ou s'approchant** du comportement humain.*

Notez aussi l'emploi du participe présent précédé de la préposition *en*:

En interrogeant *le malade*, **en l'examinant**, *le médecin acquiert des renseignements.*
Un médecin «se couvre» **en demandant** *beaucoup d'examens complémentaires.*

Le participe présent peut également être précédé de *tout en* (ce qui traduit souvent une notion de concession):

*Le Professeur Boisvieux utilise des ordinateurs **tout en acceptant** leurs limites.*

Maintenant, utilisez le participe présent du verbe indiqué (avec ou sans *en/tout en*) pour compléter chaque phrase.

Exemple:

Le médecin consulte le système expert_____. répondre
Le médecin consulte le système expert en répondant aux questions de celui-ci.

1 L'ordinateur fournit une réponse_____. *raisonner*
2 On a mis au point ces systèmes_____. *espérer*
3 L'équipe a constitué la base du système_____. *travailler*
4 Les hôpitaux réduiraient le nombre d'examens inutilement prescrits_____. *s'équiper de*
5 Les diabétiques insulino-dépendants font du sport_____. *savoir*

Etude lexicale

Voici les définitions de cinq termes de l'informatique utilisés dans l'un ou l'autre des reportages: de quoi s'agit-il dans chaque cas?

1 toutes les informations contenues sur ordinateur
2 traduire en langage informatique
3 celui qui utilise un ordinateur
4 moyen électronique d'envoyer un document
5 perfectionner (un système)

Maintenant vous devez expliquer le fonctionnnement d'un micro-ordinateur à un(e) ami(e) français(e) qui n'y comprend rien. Que lui direz-vous des choses suivantes?

une disquette, un virus, un programme informatique, un outil logiciel

En dernière analyse

Essayez de faire le bilan des progrès du marché informatique au cours de la dernière décennie. Quelles seront les évolutions les plus importantes dans un proche avenir selon vous?

18 Robots et puces

Dans l'Unité précédente nous avons étudié le développement des systèmes informatisés. Cette fois-ci, nos deux reportages vont démontrer comment l'informatique peut s'allier à d'autres domaines électroniques. Il s'agit d'abord, dans le document télévisé, des robots utilisés dans la chirurgie. Et ensuite, dans l'article du *Figaro*, des biocapteurs, produits capables de mesurer la quantité de substances chimiques présentes dans le corps humain, dans la nourriture, etc. De quoi nous permettre de parler de «puces vivantes»!

Document télévisé

Regardez le reportage sur la chirurgie des robots.

Compréhension globale

Quel est le rôle des robots dans la chirurgie?

Compréhension approfondie

1. De quoi ce patient souffre-t-il?
2. Quel âge a-t-il?
3. Pourquoi dit-on que le chirurgien devient mathématicien?
4. Que pourra-t-on faire d'ici cinq ans?

A vous maintenant!

1. Vous participez à un colloque à l'UNESCO. Préparez un rapport qui doit être présenté aux ministres de la Santé sur le travail effectué à Grenoble.

Article de journal

Lisez l'article sur les puces «vivantes».

Compréhension globale

Ayant lu cet article, qu'entendez-vous par la «bioélectronique»?

Compréhension approfondie

1. Au Japon, qui s'intéresse à la biotechnologie?
2. Depuis quand le Professeur Karube fait-il des recherches en bioélectronique?
3. Dans quels secteurs utilise-t-on déjà les biocapteurs?
4. Quels sont les deux éléments essentiels d'un biocapteur?
5. Pourquoi la recherche sur les biocapteurs est-elle devenue mondiale?
6. D'où viennent les chercheurs de l'Institut de technologie?
7. Que pourrait-on faire avec des capteurs jetables?
8. Pourquoi veut-on imiter les structures biologiques pour le développement de nouveaux circuits intégrés?
9. D'où viennent les chercheurs du «Peri»?

A vous maintenant!

Préparez en 100 mots une publicité pour une gamme de capteurs jetables qui permettront aux individus de faire leur bilan de santé.

Le Japon à l'heure des biotechnologies
❷ Des puces « vivantes » dans les ordinateurs

Les circuits intégrés actuels sont au maximum de leur capacité de mémorisation. Pour aller plus loin les Japonais veulent y intégrer des molécules organiques.

TOKYO :
Catherine VINCENT

Au pays du Soleil-Levant, il n'y a pas que les industriels de la pharmacie, de la chimie ou de l'agro-alimentaire qui s'intéressent aux biotechnologies (1). Il y a aussi les ingénieurs en électronique. D'amour ou de raison, qu'importe : au Japon, le mariage entre la biologie et l'électronique est d'ores et déjà devenu réalité. Pour donner naissance à des capteurs de toutes sortes, voire même pour concevoir les circuits intégrés de demain, dans lesquels seront peut-être mis en œuvre des molécules organiques reproduisant les fonctions biologiques naturelles.

C'est à Tokyo, au laboratoire de recherche sur les ressources naturelles de l'Institut de technologie, que travaille le professeur Isao Karube, l'un des plus grands spécialistes mondiaux de la « bioélectronique ». Dans un enchevêtrement de fils, de graphiques et autres dessins cabalistiques, une quinzaine de groupes de recherche s'activent sous sa direction. Pour mener depuis dix ans toutes les études possibles et imaginables sur cette science, toute jeune encore et déjà indispensable.

« Premiers produits associant la biologie à l'électronique, les biocapteurs, apparus sur le marché à la fin des années 70, se sont aujourd'hui infiltrés dans la plupart des activités industrielles », précise d'emblée Isao Karube. Et pour cause : capables de mesurer de multiples substances chimiques en quantités infinitésimales, ils sont devenus indispensables dans des secteurs aussi divers que la pharmacie, la chimie, la fermentation ou la mesure de pollution de l'environnement. Au point que la plupart des entreprises de quelque importance réservent aujourd'hui une partie de leur budget de recherche-développement aux biocapteurs industriels, tandis que le ministère de la Santé vient de décider la création prochaine d'un Institut de recherche, exclusivement consacré au développement de capteurs biomédicaux.

Comme l'explique le professeur Karube, qui monte actuellement un nouveau laboratoire à l'université de Tokyo, tout biocapteur qui se respecte est constitué de deux éléments : une substance biologique qui, en réagissant avec certaines molécules, joue le rôle d'analyseur ; et une électrode, chargée de transformer en signaux électriques les informations chimiques issues de cette réaction. Immobilisées sur une membrane en polymère insoluble dans l'eau, des enzymes provoqueront ainsi, de par les réactions spécifiques qu'elles catalysent, l'augmentation ou la diminution de certains composés biologiques, dont les variations pourront être mesurées au moyen de l'électrode.

« Aujourd'hui couramment utilisés pour le diagnostic et le suivi du diabète, les tout premiers capteurs enzymatiques, développés au Japon il y a une quinzaine d'années, étaient destinés à la mesure du glucose, rappelle le professeur Karube. Ce fut ensuite le tour des capteurs de sucrose, puis de cholestérol ; et enfin des capteurs à usage industriel, permettant par exemple, à l'aide d'enzymes ou de micro-organismes, de mesurer en continu le taux d'alcool sur les lignes de fabrication des produits chimiques ou alimentaires... »

Aujourd'hui, la recherche sur les biocapteurs est devenue mondiale. Aux Etats-Unis comme en Europe, plusieurs laboratoires se sont progressivement spécialisés dans ce domaine, aux retombées économiques considérables. Mais c'est assurément dans l'Archipel que le marché et la recherche, avec plus d'une trentaine de biocapteurs commercialisés ou en cours de développement, restent les plus florissants. Et l'état de « veille technologique active » caractéristique des entreprises nippones, qui leur permet de s'engager dans l'aventure dès le stade de la recherche de base en étroite collaboration avec les chercheurs universitaires, n'est sans doute pas étranger à cette réussite.

A l'Institut de technologie de Tokyo, la moitié des chercheurs proviennent ainsi du milieu industriel. Leurs objectifs, pêle-mêle : améliorer la stabilité et la sensibilité des biocapteurs, ainsi que leur résistance aux hautes températures ; accroître leur miniaturisation, afin de pouvoir les mettre en œuvre dans des organes artificiels à usage vétérinaire ou médical ; développer des capteurs multifonctionnels ; et, bien sûr, élargir leur spectre de détection – notamment en exploitant le principe naturel des réactions immunologiques.

Minicapteurs jetables

« Ces dernières, qui se traduisent par une reconnaissance extrêmement spécifique entre un antigène et un anticorps, sont déjà couramment utilisées par les laboratoires médicaux pour mesurer les taux d'hormones, de protéines ou de drogues contenus dans le sang. Pourquoi, dès lors, ne pas développer des biocapteurs sur le même principe ? Constitués par exemple d'anticorps immobilisés dans une membrane associée à une électrode, leur emploi serait plus simple, plus rapide et plus fiable que les techniques de dosage immunologique employées actuellement », estime le professeur Karube. Lequel n'exclut pas, même si des années de recherche sont encore nécessaires, l'hypothèse de voir créer un jour une gamme de minicapteurs... jetables, qui permettraient à chacun, pour une somme modeste, de faire son bilan de santé comme on monte sur une balance pour surveiller son poids...

Au-delà des biocapteurs, les spécialistes japonais caressent un rêve plus ambitieux encore : mettre les molécules organiques à contribution pour fabriquer demain des puces mi-électroniques, mi-biologiques, ces fameux « biochips » dont l'efficacité supplanterait celle de tous les circuits au silicium existant actuellement. Leader mondial dans le domaine des mémoires électroniques, l'Archipel, qui lançait en 1976 son projet national sur les VLSI (circuits à très haute intégration), développe en effet, aujourd'hui, des capacités de mémoires faramineuses : jusqu'à 4 Mbits – soit l'équivalent de plusieurs millions d'éléments réunis sur une puce de silicium de quelques millimètres carrés ! Mais lorsque la miniaturisation atteint de tels sommets, la limite n'est pas loin. Et les chercheurs japonais, pour la dépasser, se tournent une fois encore vers la biologie.

« Les moyens mis en œuvre par les êtres vivants pour traiter l'information ont toujours fasciné les électroniciens, rappelle le professeur Karube. Or, dans les années à venir, il nous faudra développer une approche conceptuelle totalement nouvelle des circuits intégrés. Si l'on parvenait à comprendre et à imiter l'architecture cérébrale, ou encore celle des membranes biologiques, ces modèles nous permettraient sans aucun doute de développer des systèmes électroniques d'une puissance et d'une efficacité sans précédent ! »

Dans le but d'intégrer aux circuits des fonctions de plus en plus complexes sur le modèle des molécules organiques, c'est à l'étude des protéines que vont, dans un premier temps, s'attaquer les spécialistes. Même si les plus optimistes s'accordent à penser que les retombées pratiques de ces recherches ne sont pas pour demain (ni même, sans doute, pour l'an 2000), le gouvernement japonais a ainsi décidé, il y a deux ans, la création d'un centre de recherche exclusivement consacré à l'ingénierie des protéines. Actuellement en cours de construction sur le campus de Suita (préfecture d'Osaka), le Peri (Protein Engineering Research Institute) ouvrira ses portes à l'automne prochain. Avec, pour ces dix premières années d'existence, le budget plus qu'honorable de 17 milliards de yens (800 millions de francs).

« Notre premier objectif pour les années à venir ? Perfectionner les techniques d'analyse des protéines, et sélectionner les molécules les plus intéressantes, précise Morio Ikehara, professeur émérite de l'université d'Osaka et futur directeur du Peri. Comme par exemple la rhodopsine, pigment visuel contenu dans les cellules rétiniennes et fonctionnant comme une mémoire à deux états (elle change de conformation selon qu'elle est exposée ou non à la lumière), qui pourrait servir un jour d'interrupteur biologique dans les circuits électroniques... »

Une fois ce travail préliminaire effectué, les chercheurs pourront passer, grâce aux techniques du génie génétique, à l'ingénierie proprement dite. C'est-à-dire à la modification de certains acides aminés (les éléments constitutifs des protéines) afin d'obtenir des molécules plus stables et plus efficaces – voire, à terme, des protéines totalement nouvelles – en vue de leur utilisation industrielle.

Structure ambitieuse sans équivalent dans le monde en terme de stratégie précompétitive, le Peri réunit, aux côtés des équipes universitaires, les compétences multidisciplinaires d'une quinzaine de grandes firmes industrielles (agro-alimentaires, pharmaceutiques ou électroniques). De quoi permettre au Japon, dans un proche avenir, de prendre une longueur d'avance sur ses partenaires occidentaux dans la conception des protéines sur mesure.

C. V.

(1) Voir nos éditions du 5 juillet 1988.

Comment dirais-je?

Etude grammaticale

Dans l'article du *Figaro* nous voyons plusieurs exemples de phrases qui utilisent la structure *permettre à quelqu'un de* + infinitif:

*Il faut imaginer une gamme de minicapteurs qui **permettraient à chacun de faire** son bilan de santé. Ces modèles **nous permettraient de développer** des systèmes électroniques.*

Un certain nombre d'autres verbes exigent la même structure (_____ *à quelqu'un de* + infinitif). Par exemple:
conseiller, défendre, demander, dire, interdire, offrir, ordonner, promettre, proposer, suggérer

a Voici des phrases au discours indirect: réécrivez-les au discours direct.

Exemple:

Le directeur a permis aux employés de partir plus tôt.
« Je vous permets de partir plus tôt. »

1 La mère de Jean-Paul lui a défendu de sortir tout de suite.
2 Les industriels ont demandé au gouvernement de subventionner les recherches.
3 Le chef a ordonné à son assistant de servir le poisson cru.
4 Les inspecteurs ont interdit aux restaurants d'utiliser de la viande achetée la veille.
5 Les biocapteurs permettront aux malades de gérer leur santé.

b Ensuite, réécrivez les phrases suivantes au discours indirect.

Exemple:

« Je viendrai vous voir demain », a promis l'ingénieur.
L'ingénieur leur a promis de venir demain.

1 « L'Industrie pourra utiliser les laboratoires », a dit l'Institut de technologie.
2 « Les restaurants devraient choisir du poisson frais », conseillent les experts.
3 « Nous développerons les biocapteurs dont vous avez besoin », proposent les Japonais.
4 « Voulez-vous nous faire savoir les objectifs des chercheurs, Monsieur le ministre? », a demandé le journaliste.
5 « Rappelez-moi demain, Henri », a suggéré son collègue.

Etude lexicale

Les deux reportages parlent de recherches en cours. Trouvez des locutions dans l'un ou l'autre texte pour remplacer les phrases soulignées.

1 <u>Ceux qui font des recherches</u> espèrent perfectionner cette technique dans moins de cinq ans.
2 L'Institut de technologie de Tokyo avait plusieurs <u>buts.</u>
3 Les groupes de recherche veulent <u>faire des tests</u> sur les nouveaux biocapteurs.
4 Quels seront <u>les fruits</u> de ces recherches?
5 Le colloque était consacré <u>à la coopération entre les différentes disciplines.</u>

Maintenant, racontez vous-même une découverte ou un développement scientifique qui est passé par plusieurs étapes expérimentales.

En dernière analyse

Des robots à la place d'un chirurgien… des biocapteurs à la place d'une équipe de techniciens? Est-ce que la robotisation constitue une véritable menace pour ceux qui travaillent dans certains secteurs?

19 Le marché de la télématique

De nos jours, la plupart des foyers ont le téléphone chez eux. Or, en France le système téléphonique ne vous permet pas seulement de parler à des amis. Il y a un véritable marché de la télématique, associant le téléphone et l'informatique. D'un côté il existe des services enregistrés, comme l'exemple présenté par l'article du *Figaro*, le juke-box téléphonique. De l'autre côté les abonnés au téléphone peuvent également s'équiper du service Minitel (voir aussi l'Unité 10), qui leur permet d'accéder à tout un réseau de données informatisées, dont l'annuaire électronique. Notre document télévisé fait le point sur le Minitel 10 ans après sa création.

Document télévisé

Regardez le reportage sur les ventes du Minitel.

Compréhension globale

A quoi sert le Minitel?

Compréhension approfondie

1 Quand, et où, a-t-on lancé le Minitel?
2 Combien d'appareils y avait-il au début?
3 Combien en a-t-on installé depuis?
4 Comment décrit-on le modèle le plus récent?
5 Combien de temps ont-ils mis à évaluer le Minitel?
6 Combien d'appareils ont été installés en 1989?

A vous maintenant!

Minitel ou annuaire traditionnel – quels sont les avantages des deux systèmes?

Article de journal

Lisez l'article sur le juke-box téléphonique.

Compréhension globale

Si vous étiez artiste, seriez-vous prêt(e) à offrir un de vos enregistrements inédits à la société Disc O'fil?

Compréhension approfondie

1 Quels ont été les effets de la publicité télévisée des disques?
2 Quel est le problème pour les nouveaux artistes?
3 Qu'est-ce que la société Disc O'fil offre au public?
4 Comment fera-t-elle la publicité pour son service?
5 Comment peut-on accéder au service Disc O'fil?
6 Comment les inventeurs du système se sont-ils montrés prudents?
7 La qualité d'écoute téléphonique est satisfaisante sans être parfaite. En quoi cela représente-t-il un avantage?
8 Comment accueille-t-on ce projet dans le show-biz?

A vous maintenant!

1 La société Disc O'fil prépare une lettre qu'elle enverra à de jeunes artistes pour les mettre au courant du projet. Rédigez-la.
2 Expliquez comment vous faites la connaissance d'œuvres de musique nouvelles.

MARKETING
Un juke-box téléphonique

Deux publicitaires viennent de lancer, ce mois-ci, une formule de promotion inédite des nouveautés musicales.

La récente ouverture de la publicité télévisée au marché des disques a donné une belle bouffée d'oxygène à la profession. Les ventes se sont accrues, indéniablement, mais elles ont surtout profité aux interprètes chevronnés et aux artistes déjà confirmés. La preuve : sur les 9 000 nouveautés en 45 ou 33 tours et les 10 270 disques compacts sortis l'an dernier, très rares sont ceux qui sont encore en vente aujourd'hui.

Faute d'avoir été entendues, et parce que l'on hésite souvent à acheter ce que l'on ne connaît pas, les premières œuvres sont aussi souvent les dernières : elles finissent au pilon. Comment sortir d'une telle situation, économiquement catastrophique et artistiquement désastreuse ? A-t-on vraiment exploré toutes les possibilités réelles de la promotion musicale ?

A ces deux questions, deux publicitaires, Alain Baumann – ex-Publicis et ex-Eurocom – et Pierre Ducis – ex-DFP –, viennent d'apporter une réponse pour le moins originale en créant la société Disc O'fil. Objectif : ouvrir un nouveau territoire à la promotion du disque, en offrant au public la possibilité de découvrir, chaque mois, par simple appel téléphonique, des œuvres inédites.

Piratage impossible

Le principe est simple. Périodiquement, dès ce mois-ci, Disc O'fil, diffusera sur M 6 et sur Fun Radio des messages et dans la presse « jeune » des annonces publicitaires, présentant une liste d'œuvres originales. Il suffira alors au lecteur intéressé de décrocher son téléphone, de composer le 36.65 1990, de réaliser l'opération d'accès au titre du disque demandé, ou de dire « stop », à l'énoncé du numéro du disque souhaité, puis d'écouter celui-ci, tranquillement installé chez lui, ou même dans une cabine téléphonique, avant de

se décider. L'opération pourra être renouvelée autant de fois qu'on le désire pour chaque disque présenté. Le serveur est en effet capable de recevoir 500 000 appels par mois. Même si, prudents, les inventeurs du système ne prévoient que 200 000 appels le premier mois.

La sélection des titres proposés sera renouvelée chaque mois. Les opérateurs et les maisons de disques se sont par ailleurs assurés que la qualité d'écoute téléphonique était suffisante. Tout en prévenant les tentatives de piratage par enregistrement. La plus grande partie des œuvres retenues seront de langue française ou européenne.

Dans le show-biz, malgré un certain scepticisme, on s'accorde à trouver ce projet intéressant. Producteurs et diffuseurs recueilleront en effet des indications statistiques précises et les sociétés d'édition musicale, comme les artistes, trouveront ainsi l'occasion de promouvoir des nouveautés qui, sans cela, n'auraient jamais bénéficié d'une campagne de cette envergure.

M. D.

Le marché de la télématique

Comment dirais-je?

Etude grammaticale

a Dans le document télévisé, on compare le passé et le présent en employant la locution *il y a*:

*Il y a dix ans personne n'y croyait vraiment.
Mais qui aurait pu y croire il y a dix ans?*

Utilisez cette locution pour commenter les dates suivantes.

Exemple:

*1789 – Début de la Révolution française
La Révolution française a commencé il y a deux siècles.*

1 218 av. J.-C. – Hannibal franchit les Alpes
2 1885 – Mort de Victor Hugo
3 1900 – Mise en service de la première ligne du métro à Paris
4 1939-1945 – la Deuxième Guerre mondiale
5 1969 – le premier homme atterrit sur la lune
6 1970 – Paris relié à Marseille par l'autoroute A6-A7
7 1981 – Inauguration du TGV

b Dans les deux reportages nous retrouvons certaines prépositions ayant un sens temporel. Utilisez-les pour compléter les phrases suivantes.

1 Disc O'fil diffusera des messages sur M6_____ ce mois-ci.
2 Huit cent mille Minitels ont été installés_____ 1989.
3 Le serveur est capable de recevoir 500.000 appels_____ mois.
4 L'Italie signe un contrat avec France-Télécom_____ ce moment même.
5 Le nouveau produit sera commercialisable_____ la semaine prochaine.

Etude lexicale

Dans les deux reportages il est question du système téléphonique. Trouvez le vocabulaire relatif au téléphone qui vous permettra de compléter les phrases suivantes.

1 Si vous voulez faire un_____ , il vous faut le numéro de votre correspondant. Avec Minitel, vous pouvez consulter l'_____ .
2 Quand on est en ville il faut trouver une_____ pour téléphoner.
3 Pour téléphoner, d'abord_____ le combiné, puis_____ le numéro que vous désirez.
4 Le marché de la_____ s'est développé au cours des 10 dernières années. Il y a maintenant plus de 5.000.000 d'_____ du Minitel.

En dernière analyse

Quels sont les systèmes télématiques qui existent dans votre pays, et qui s'en sert principalement?

Et, pour mesurer combien on compte sur le téléphone, imaginez qu'il y ait une grève téléphonique pendant une semaine. Dans quelle mesure est-ce que la vie quotidienne serait bouleversée?

20 Les arts et les sciences

Les arts et les sciences: rivaux ou complémentaires? A en juger par les deux reportages de cette Unité, les arts de la fin du 20ème siècle sont prêts à accueillir toutes les possibilités offertes par les sciences. Dans le document télévisé, une jeune femme sculpteur expose la force créatrice des explosifs. Quant au Futuroscope de la Vienne, présenté par l'article du *Figaro*, c'est un parc de loisirs consacré à la technologie de l'image – et qui attire des visiteurs de tous les âges.

Document télévisé

Regardez le reportage sur des sculptures originales.

Compréhension globale

Décrivez les techniques adoptées par Chantal Cottet pour faire ses sculptures.

Compréhension approfondie

1 Qu'est-ce que Chantal Cottet avait fait en faculté?
2 Quand a-t-elle commencé sa carrière d'artiste?
3 Quel métal utilise-t-elle?
4 Où Chantal a-t-elle appris à se servir des explosifs?
5 Où se trouve sa mare de tir?
6 Pourquoi veut-elle mettre ses mains sur sa sculpture?

A vous maintenant!

Vous êtes reporter au *Figaro*. Vous avez reçu par téléphone ce reportage d'un(e) de vos collègues. Utilisez-le (en vous servant de la bande sonore du reportage d'Antenne 2) pour en faire un article de 200 mots.

Article de journal

Lisez l'article sur le Futuroscope de Poitiers.

Compréhension globale

En général, quelle critique le journaliste fait-il du Futuroscope?

Compréhension approfondie

1 Comment décrit-on le paysage où se trouve ce «parc insolite»?
2 Quel contraste y a-t-il entre l'art et la technologie du cinéma?
3 L'hôtesse de la salle «Showscan» devrait-elle donner des précisions techniques?
4 Quel est le sujet de la «géode»?
5 Quels sont les effets spéciaux du cinéma «dynamique»?
6 Quel a été le rôle de René Monory?
7 Quelle contribution les visiteurs font-ils aux investissements et aux frais de fonctionnement?
8 Comment le département pourra-t-il récupérer les sommes investies dans ce projet?

A vous maintenant!

1 D'après l'article du *Figaro*, rédigez un dépliant sur le Futuroscope de Poitiers, destiné aux touristes.
2 Connaissez-vous des centres ou des musées comparables au Futuroscope dans votre pays? Décrivez-les.

VIE SCIENTIFIQUE
SCIENCES — MÉDECINE — TECHNIQUES

 SCIENCES Visite indiscrète dans un parc insolite

Le Futuroscope de Poitiers au-delà des écrans

Dans la campagne de la Vienne, cet ensemble voué aux loisirs éclairés est remarquable pour ses techniques d'imagerie. Et qu'importe les images !

Depuis deux ans, le département de la Vienne reçoit trois fois plus de visiteurs qu'il ne compte d'habitants. En 1989, ils étaient 750 000 à se rendre par cars, ou trains, au parc de loisirs du Futuroscope. A une quinzaine de kilomètres au nord de Poitiers, là où les champs de betteraves commencent à remplacer les potagers individuels, champignonne un des plus curieux parcs de loisirs. Le Futuroscope est destiné à initier les vacanciers au XXIe siècle, et le XXIe siècle est censé être lui-même destiné à la communication. Le Futuroscope présente donc tout ce qui se fait de plus spectaculaire en matière de projection d'images. Quel que soit l'intérêt des images.

Pendant que le cinéma entrait en crise, la technologie de l'image a connu un essor spectaculaire. Il existe donc un lieu, unique en Europe, qui réunit la plupart des innovations en matière de projection d'images. Le Futuroscope ne se résume pas seulement à une demi-douzaine de salles de projection, c'est tout l'environnement qui compte pour faire loisir. Les salles, d'architecture futuriste, sont dans un parc soigneusement entretenu, sillonné par des hôtesses. D'ailleurs, un des projets capitaux, pour l'année prochaine, est que chaque groupe puisse trouver une hôtesse d'accueil pour faciliter le passage de salle en salle.

Une fois sur place, on ne choisit pas un film, un auteur, ou même un acteur, mais une technique de l'avenir. Sur l'écran le plus grand d'Europe (800 mètres carrés), soixante images d'une pellicule de 70 mm défilent chaque seconde, c'est le procédé showscan. « Vous allez saturer votre rétine », avertit l'hôtesse. Elle aurait tort de donner plus de détails techniques, elle n'a aucune raison d'expliquer que le cinéma classique repose sur des pellicules de 35 mm, et ne défile qu'à 25 images/seconde. Ce n'est pas le film sur les mérites de l'Australie vue d'avion ou depuis une planche de surf qui compte, mais le fait qu'il passe en showscan.

Le progrès technique dépassant l'imagination, il y a du cinéma panoramique (neuf caméras synchrones passent un film sur un écran circulaire ; le film est japonais, une histoire de vaisseau spatial se promenant dans le temps et l'espace, d'un volcan en éruption à un combat de samouraïs), il y a du cinéma kaléidoscopique (huit caméras passent le même film désynchronisé sur des écrans de taille différente ; cette fois-ci le film est canadien et décrit l'histoire et les bienfaits de la communication pour l'humanité). Il y a aussi une géode (c'est un film de la Nasa sur le décollage de la navette comme si on était sous un des réacteurs).

Mais il y a surtout le cinéma dynamique, celui qui a le plus de succès. La bande-film ne contient plus seulement des informations image et son, elle a enregistré des données informatiques qui, déchiffrées par un ordinateur, agitent le fauteuil du spectateur en fonction de ce qui défile sur l'écran. Le film dure trois minutes, il raconte l'histoire d'un wagon sans freins qui dévale en accélérant une montagne enneigée, le fauteuil bascule à chaque virage, les jeunes filles hurlent et les grand-mères, pourtant prévenues que leur cœur est en danger, refont deux heures de queue pour trois minutes d'illusion de train-fantôme.

« Nous n'inventons rien, nous vulgarisons seulement l'inévitable », a parfaitement résumé René Monory, bonne fée du projet depuis qu'il l'a conçu.

Un bon cru 90

Le sénateur et président du conseil général a mené son projet de vulgarisation technologique comme le chef d'entreprise qu'il fut avant d'entamer une carrière politique. En pleine Vienne rurale, le parc de loisirs n'est pas sur un site favorable, et plutôt éloigné des grands axes de circulation européenne, malgré la future liaison TGV-Ouest. Les deux villes les plus proches, Poitiers et Châtellerault, ont beau avoir une forte population étudiante, elles totalisent à peine 150 000 habitants. Et le thème du futur n'a pas l'attrait d'un personnage de bande dessinée sur le grand public.

Tout semble peu favorable. Sauf les finances : les touristes n'ont pas à payer par leurs entrées (95 F, billet adulte) les investissements des salles de cinéma, ils n'ont qu'à équilibrer les frais de fonctionnement. Les comptes du parc sont bénéficiaires de 5 millions sur 1989 ; au vu des premiers mois, 1990 sera d'un meilleur cru. Depuis 1984, 730 millions de francs ont été investis dans le parc, et 400 millions supplémentaires sont prévus pour les trois prochaines années, intégralement supportés par le département. Ce dernier compte se rembourser indirectement, par les retombées économiques secondaires.

Car derrière l'illusion d'aventure qui défile sur les écrans, les deux projets d'aménagement du territoire de toute ville universitaire moyenne française profitent du Futuroscope. Un lycée européen de la communication avoisine tellement le parc de loisirs que son architecture en a pris la forme d'aile delta. Et, bien sûr, entre le parc et le lycée, pousse un technopôle, comme à Lyon, Grenoble, Lille, Nice et d'autres. Celui-ci, Futuroscope aidant, est axé sur la seule communication, plutôt que sur un concept de « pépinière d'entreprise ».

Jérôme STRAZZULLA

Les arts et les sciences 73

Comment dirais-je?

Etude grammaticale

Dans le document télévisé, plusieurs verbes qui sont utilisés au passé composé se conjuguent avec *être*. Vous vous rappellerez qu'ils s'accordent avec le sujet du verbe:

*Cette jeune femme **est devenue** une spécialiste des explosifs.*
*Chantal Cottet **est restée** petite fille.*

Réécrivez les phrases suivantes au passé composé. Attention! Certains verbes se conjuguent avec *être*, d'autres avec *avoir* (et dans ce cas-ci il n'y a pas d'accord entre le sujet et le participe passé, bien sûr!).

1 Chantal fait de nombreux stages avec l'armée.
2 La sculpture sort des eaux.
3 Les morceaux brisés tombent par terre.
4 Elle met la pièce vierge dans la cage.
5 Le journaliste et Chantal admirent la nouvelle création.
6 Les statues naissent de souvenirs de contes de fées.
7 Chantal acquiert une bonne connaissance des explosifs.
8 Les officiers de l'armée deviennent des amateurs de l'art.

Etude lexicale

L'article du *Figaro* parle du succès du Futuroscope de la Vienne. Trouvez des locutions utilisées dans le reportage pour remplacer les termes soulignés dans les phrases suivantes.

1 L'examen des comptes du parc <u>montre un bénéfice de</u> cinq millions.
2 Le cinéma dynamique est celui qui <u>réussit surtout</u>.
3 La technologie de l'image <u>est devenue très populaire</u>.
4 On croit que 1990 sera <u>une meilleure année que 1989</u>.
5 Le Futuroscope présente tout ce qui se fait de plus <u>merveilleux</u>.

En dernière analyse

Les arts évoluent selon l'époque. Si vous deviez constituer un musée des arts contemporains, qu'est-ce que vous choisiriez d'y exposer?

Le marché du travail et le commerce

Un Pêcheur Breton

21 Les employés des transports aériens

Etre pilote d'avion: c'est le rêve de bien des adolescents. Et pourtant les pilotes français ne voient pas la vie en rose, car les compagnies aériennes connaissent des difficultés de recrutement dans ce secteur. Le document télévisé examine leurs nouvelles démarches pour recruter et surtout pour garder de bons candidats. Comment sont les conditions de travail des pilotes et des contrôleurs aériens? L'article du *Figaro* les passe en revue, comparant le statut des pilotes et des contrôleurs français avec celui de leurs homologues dans d'autres pays européens. La réalité est-elle conforme à l'image idéaliste que le public s'en fait?

 Document télévisé

 Article de journal

Regardez le reportage sur le recrutement des pilotes.

Lisez l'article sur les pilotes et les contrôleurs.

Compréhension globale

Quelle est l'origine de la crise dont on parle?

Compréhension globale

Pourquoi ces deux catégories d'employés sont-elles mécontentes?

Compréhension approfondie

1 Que font les pilotes pour attirer l'attention sur la crise?

2 Quel est le grand problème pour les compagnies régionales?

3 Combien coûte la formation d'un pilote?

4 Où les futurs pilotes trouvent-ils l'argent nécessaire?

5 Sous quelles conditions sont-ils aidés par la TAT?

6 D'où viennent les candidats pour la formation?

7 Que pensent les syndicats de pilotes de ce recrutement?

8 Quelles précautions prend-on pour assurer la qualité de la formation?

9 De combien de pilotes a-t-on besoin?

A vous maintenant!

Ecrivez une lettre à la TAT pour vous proposer comme candidat(e) pour la formation.

Compréhension approfondie

1 Combien un pilote français peut-il gagner en fin de carrière?

2 Faites une comparaison entre les pilotes espagnols et britanniques au moment de leur retraite.

3 Comment fait-on le calcul pour évaluer le temps de travail?

4 Les pilotes de quel pays travaillent le plus?

5 A quel âge les pilotes prennent-ils leur retraite?

6 Que fait-on pour contrôler leur santé?

7 Dans quelle catégorie d'employé place-t-on les contrôleurs aériens?

8 D'où vient le terme «aiguilleur»?

9 Dans quel pays sont-ils le mieux payés?

10 Quelle est l'autre mission des aiguilleurs?

11 Dans quel pays a-t-on le plus de perturbations du trafic aérien?

A vous maintenant!

1 Les pilotes d'Air Inter estiment que la technologie de l'Airbus A-320 ne devrait pas remplacer un des deux pilotes. Etes-vous d'accord?

2 Est-ce que les aiguilleurs du ciel devraient avoir le droit de faire la grève?

Les employés des transports aériens

Au cœur de la crise

Les revendications des pilotes et des contrôleurs du ciel sont au centre des conflits qui agitent le monde des transports aériens.

ENQUÊTE DE CAROLINE JUVANON

Deux catégories de personnels sont au cœur des remous qui perturbent, parfois profondément, le transport aérien : les pilotes d'Air Inter, soutenus par plusieurs syndicats de pilotes, et les contrôleurs aériens. Les premiers poursuivent une grève à répétition contre le vol à deux sur l'Airbus A-320, et, dans la plupart des grands centres régionaux, les aiguilleurs du ciel refusent de moduler leurs horaires.

Le Figaro passe ci-dessous en revue l'éventail des salaires et les conditions de travail de ces deux professions en France et dans les différents pays de la Communauté.

① Pilotes : les Français en tête

C'est en France que les pilotes sont en général les mieux payés. En début de carrière, un commandant de bord peut gagner de 22 000 F à plus de 50 000 F par mois, selon la compagnie et, bien sûr, selon le type d'avion qu'il pilote. Sans compter les frais de déplacement (de l'ordre de 33 000 F par an pour un DC 10 et de 50 000 F pour un 747). En fin de carrière, le salaire peut doubler, voire tripler : de 50 000 F à 70 000 F.

Les Allemands sont moins bien lotis. Avec 32 000 F par mois ils terminent péniblement à environ 50 000 F. Sans compter les primes. Par exemple : de 7 000 F à 13 000 F par mois pour les gros porteurs. Les pilotes espagnols pour leur part gagnent un salaire de 18 000 F en début de carrière qui approche difficilement les 25 000 F à l'aube de leur retraite.

De 35 à 55 heures par mois

Quant aux autres pays européens, ils semblent presque se battre pour avoir l'honneur de figurer à la dernière place ! En Grande-Bretagne, le salaire mensuel des pilotes est faible comparé à celui des Français ou des Allemands : de 11 000 F à 25 000 F par mois. Une somme doublée en fin de carrière. Les primes, elles, sont sensiblement les mêmes que dans les autres pays de la CEE.

Le temps de travail ? Difficile à évaluer (il varie également selon les compagnies). En général, on le calcule sur un an (vacances comprises) et l'on divise par douze. Ainsi, en France, les pilotes travaillent en moyenne de 35 à 55 heures par mois.

En Allemagne, les chiffres sont sensiblement les mêmes : avec pour les long-courriers près de 67 heures par mois. Dans le reste de l'Europe, ces estimations oscillent entre 30 et 40 heures mensuelles. Pas de différence considérable.

A quel âge les pilotes européens prennent-ils leur retraite ? En France, à soixante ou soixante-cinq ans selon la compagnie. En général des examens médicaux sont effectués dès quarante-cinq ans pour déterminer si le pilote est toujours « apte physiquement ». Les pilotes allemands prennent leur retraite à cinquante-cinq ans. Mais, ils peuvent voler jusqu'à soixante ans en signant un contrat renouvelable chaque année. En Espagne, le système est plus souple. La retraite est fixée à soixante ans. Et pour les pilotes « fatigués », possibilité de préretraite à cinquante-cinq ans. Les autres pays ont les mêmes exigences.

② Contrôleurs : tous fonctionnaires

Les aiguilleurs du ciel, dans la plupart des pays européens, ont un statut de fonctionnaire ou assimilé. Ils gagnent donc moins que les pilotes. Mais, comme eux, ils touchent des salaires variant beaucoup selon leur nationalité.

Français, Allemands et Britanniques sont assez proches les uns des autres. Le salaire net mensuel en France, primes comprises, est de 8 000 francs en début de carrière. Et il atteint 16 000 francs avec 1 200 francs de supplément de salaire, en fin de carrière.

En Allemagne, l'éventail va de 7 500 à 16 000 francs avec de nombreux avantages d'une valeur supérieure à 5 000 francs par mois.

En Angleterre, les salaires oscillent autour de 14 000 francs. Mais un contrôleur britannique très gradé peut atteindre exceptionnellement en fin de carrière près de 18 000 francs. Lanternes rouges : la Hollande et l'Espagne. Pas plus de 10 000 francs pour un contrôleur hollandais. Et c'est encore pire pour un aiguilleur espagnol. Son salaire moyen atteint à peine les 9 000 francs par mois. Primes comprises.

Droit de grève

Dans tous les pays de la Communauté économique européenne, le temps de travail « effectif » est de vingt-cinq à trente-cinq heures. Mais, les contrôleurs aériens ne se contentent pas seulement de gérer les vols dans leur tour de contrôle. Souvent, les aiguilleurs du ciel jouent le rôle d'instructeur et de formateur auprès des « jeunes recrues ». On peut estimer alors leur temps de travail à environ quarante heures.

Les contrôleurs aériens qui décident de faire grève paralysent souvent les aéroports. Mais la possibilité d'interrompre le travail varie selon les pays. Ainsi, en Allemagne, les aiguilleurs n'ont pas le droit de se croiser les bras, comme tous les fonctionnaires d'ailleurs. L'Italie, dont la dernière grande grève remonte à 1979, assure comme en France un service minimum. Quelques petites grèves sont à signaler également en Espagne où les contrôleurs sont rattachés au ministère des Transports. En la matière, la France reste leader comme en témoignent les récents mouvements des aiguilleurs du ciel.

L'âge de la retraite ? Les contrôleurs français la prennent à cinquante-cinq ans. C'est la même chose en Allemagne. Dans les autres pays européens, certains aiguilleurs du ciel peuvent travailler jusqu'à soixante ans. En tant que fonctionnaire ou assimilé, ils bénéficient tous de la sécurité de l'emploi.

78 Les employés des transports aériens

Comment dirais-je?

Etude grammaticale

L'article du *Figaro* compare le statut des employés de plusieurs pays. Les pays qui sont cités sont tous féminins, donc précédés de la préposition *en* dans des phrases telles que:

*C'est **en France** que les pilotes sont en général le mieux payés.*
***En Grande-Bretagne**, le salaire mensuel des pilotes est plus faible.*

Pour des pays masculins, la préposition *au/aux* remplace *en*:

*Il va voyager **au Canada**.*
*Quelle est la situation **aux Etats-Unis**?*

Pour les adjectifs de nationalité, rappelez-vous qu'ils s'écrivent normalement avec une minuscule:

*Les pilotes **espagnols** gagnent un salaire de 18.000 francs en début de carrière.*
*Les pilotes **allemands** prennent leur retraite à cinquante-cinq ans.*

Mais si l'adjectif de nationalité est employé comme substantif (souvent précédé d'un article ou d'un chiffre), il lui faut une majuscule:

***Français, Allemands et Britanniques** sont assez proches les uns des autres.*

Maintenant, en relisant l'article du *Figaro*, complétez la table suivante pour les pilotes et pour les contrôleurs. Ensuite, vous écrirez un bref rapport pour la CEE en relevant les écarts majeurs entre les pays.

Etude lexicale

Dans les deux articles, il s'agit des conditions de travail de certains secteurs des transports aériens. Relevez les termes utilisés pour compléter le texte publicitaire suivant.

> La Compagnie Nouveaux Vols cherche à _____ 50 pilotes. Nous offrons des _____ de carrières exceptionnels, et nous nous adressons aux pilotes déjà formés ainsi qu'à ceux qui ont travaillé dans des secteurs parallèles qui sont prêts à accepter une _____ totale. Quand vous sortirez de notre centre de _____ vous gagnerez un _____ mensuel de 24.000 francs plus _____ pour les gros porteurs, plus frais de _____. Six semaines de congés payés par an. Nos pilotes peuvent prendre la retraite dès soixante ans, ou la _____ dès cinquante-cinq ans. Contactez-nous au plus vite!

En dernière analyse

D'après les deux reportages, la carrière de pilote d'avion vous semble-t-elle attractive? Y a-t-il des désavantages sur le plan personnel qui n'ont pas été mentionnés?

	ALLEMAGNE	ESPAGNE	FRANCE	GB	HOLLANDE	ITALIE
EVENTAIL DE SALAIRES	32 000 F à 50 000 F	18 000 F à 25 000 F	22 000 à plus de 50 000 F	25 000 F à 52 000		
FRAIS DE DEPLACEMENT	33 000 à 50 000 F					
PRIMES DES PILOTES	Pour les gros porteurs			Les mêmes que CEE		
TEMPS DE TRAVAIL: HEURES PAR MOIS	67 heures	30h - 40h	35 à 55 heures	30h - 40h		
L'AGE DE LA RETRAITE	55	60	60-65			
STATUT DE FONCTIONNAIRES?						
DROIT D'INTERROMPRE LE TRAVAIL?						

22 Le chômage

Dans les années 80 il a été question de récession et donc de chômage dans bien des pays industrialisés, dont la France. Si le nombre de sans-emplois a diminué au début de cette décennie, certains groupes sont toujours particulièrement touchés par le chômage. L'article du *Figaro* nous rappelle que l'évolution de l'économie et de l'industrie entraîne la disparition de certains métiers: l'exemple cité, les mineurs du Nord-Pas-de-Calais qui ont raccroché leurs lampes pour toujours. D'autre part, le document télévisé présente le chômage technique qu'ont vécu certains pêcheurs bretons. Situation temporaire, certes, mais qui n'en est pas moins difficile pour ses victimes.

Document télévisé

Regardez le reportage sur le chômage technique des pêcheurs.

Compréhension globale

1 Pourquoi y a-t-il du «chômage technique» parmi les pêcheurs bretons?
2 Comment est la situation financière des pêcheurs?

Compréhension approfondie

1 Depuis quand les pêcheurs ne peuvent-ils pas sortir?
2 En temps normal, comment est la vie professionnelle de Jean-Claude?
3 Quelles sont les dépenses auxquelles il doit toujours faire face?
4 Comment Jean-Claude vit-il la situation?
5 Combien de personnes autour de Guilvinec se retrouvent au chômage technique?
6 La pêche a été déclarée «activité sinistrée»: qu'est-ce que cela signifie concrètement?

A vous maintenant!

1 Vous rédigez un court article (200 mots) sur le cas de Jean-Claude, pour un journal du Finistère.
2 La ville de Guilvinec devra démontrer l'importance du sinistre auprès du gouvernement, pour recevoir une aide financière. Quels seront les arguments les plus importants qu'ils évoqueront?

Article de journal

Lisez l'article sur les mineurs du Nord-Pas-de-Calais.

Compréhension globale

1 Expliquez le sens du titre de l'article.
2 Expliquez le sens des deux premières phrases de l'article.

Compréhension approfondie

1 A quoi compare-t-on le bâtiment qui donnait accès à la fosse?
2 Quel geste inutile le mécanicien a-t-il fait?
3 Quel nom familier applique-t-on aux mineurs?
4 Qu'est-ce qui a remplacé le charbon comme source d'énergie en France?
5 Qu'est-ce que «la salle des pendus»?
6 Que feront les mineurs le lendemain de la clôture de la fosse?
7 Qu'est-ce que l'un des mineurs va garder comme souvenir de la fosse?
8 Que faisait la mère de Jacques Mahien autrefois?
9 Qu'est-ce qu'un «malade professionnel»?
10 Quelle comparaison fait-on entre les marins et les mineurs?
11 Quel a été le dernier geste des mineurs de la fosse 9?

A vous maintenant

Sujet de débat: Devrait-on abandonner le charbon comme source d'énergie en faveur du pétrole et du nucléaire?

Les derniers mineurs du bassin houiller du Nord - Pas-de-Calais ont raccroché leurs lampes pour toujours

Pas de relève à la fosse 9

Notre envoyé spécial a vécu les ultimes heures de la « légende noire » à Oignies. Demain, les galeries seront noyées. Nostalgie.

OIGNIES :
de notre envoyé spécial
Lucien MIARD

Fini le mythe du charbon. La bataille est perdue. Les derniers mineurs du bassin houiller du Nord - Pas-de-Calais ont raccroché leurs lampes pour toujours. J'étais à la fosse 9, à Oignies, hier soir. On attendait la dernière remonte. Déjà, le carreau avait perdu son âme et les hommes avaient le cœur serré. Seuls resteront la légende et son martyrologue. Ils étaient fiers de leur métier d'homme, les porions à qui on avait si souvent annoncé qu'ils sauvaient la France. Aujourd'hui, ils sont tristes.

Il était 22 h 15 lorsque soixante gueules noires du poste de l'après-midi ont refait surface, entassées sur les deux niveaux de la cage de fer de l'ascenseur qui s'est arrêté dans un bruit infernal. Ces hommes venaient de vivre leurs dernières huit heures d'un dur labeur à la cote – 750. La roue du chevalement s'est immobilisée. Ils l'ont regardée une dernière fois, cette roue qui leur donnait le pouls du fond, où, cette fois, leurs compagnons ne les remplaceront pas.

Demain, les galeries seront noyées pour l'éternité, on abattra le chevalement qui était un peu le clocher de la fosse 9, et le matériel non récupérable sera vendu aux ferrailleurs. Il y avait comme tous les jours une lumière blafarde qui vous faisait perdre la notion de jour et de nuit. Un mécanicien a huilé une dernière fois un tambour d'acier. Ce n'était pas indispensable. C'était de la dévotion. La sueur mêlée de poussière collait au visage d'Edwin Gajewski, le Polonais. Agé de quarante-six ans, Edwin a passé trente et un ans de sa vie professionnelle au fond.

Amertume

Amertume et nostalgie à la veille du départ. *« Je n'irai pas jusqu'au bout, c'est la conjoncture. C'est la politique. »* Il y a une vingtaine d'années qu'il est chef porion, un beau bâton de maréchal. Chez lui, on est mineur de père en fils. *« La seule voie qui ne menait pas au chômage*, dit-il. *J'ai connu tous les puits de la région, de Bruay-en-Artois à Carvin, de Lens à Oignies. C'était ma neuvième mine. A chaque fois qu'un puits fermait, je reculais. »* Edwin a connu tous les records de production, tous les drames, les coups de grisou, avant d'assister à la mort lente du bassin.

« Il y a vingt ans, nous étions encore 220 000 mineurs. Aujourd'hui, nous sommes à peine quelques milliers. » Parfois, il lui arrive de croire encore au retour du temps glorieux. Contre toute logique économique. Chez lui, c'est sentimental.

« Nous arrivions dans une veine formidable. Un charbon domestique d'une extraordinaire qualité. De l'or noir facile à extraire. On nous l'aurait envié. » Mais le rêve ne dure jamais longtemps. Le pétrole... le nucléaire... des sources d'énergie qui, à ses yeux, ont deux défauts : elles lui sont étrangères et d'un prix de revient concurrentiel.

Ils sont là, devant nous, les soixante mineurs du dernier poste de la fosse 9. Ils défont leur casque, éteignent leur lampe frontale, poussent un dernier cri pour se libérer complètement de l'angoisse du fond. *« C'est fini ! »* C'est dit avec une certaine pudeur mais sans attendrissement. Un métier d'homme ! Leurs gestes immuables ont fait la légende du charbon.

Le paquet d'effets personnels accroché au plafond de la *salle des pendus* et que l'on amène jusqu'à soi en tirant sur une chaîne. La douche, le pointage à la lampisterie... Et, demain, on recommencera. Non, demain, les soixante mineurs de la fosse 9 du puits d'Oignies iront grossir les rangs des chômeurs – pour quelques-uns – et pour le plus grand nombre, ceux des préretraités.

Jacques Mahieu, quarante-cinq ans, lui aussi, fait partie de la légende du charbon. Un grand gaillard aux gestes puissants. De sa dernière descente, il ramène une gaillette. Une gaillette, c'est un morceau de beau et bon charbon. Le souvenir d'une vie de travail, qu'il tient fort contre sa poitrine. Il la lavera, sa gaillette, et la vernira avant de la poser sur le buffet de sa salle à manger. Ultime témoignage de ses peines, de ses joies et de ses dangers, vécus au fond de la fosse dont on le chasse aujourd'hui.

« J'ai aimé ce métier pendant vingt-sept ans. » La mine de père en fils, de frère en oncle. *« Et même ma mère qui, lorsqu'elle est arrivée de Pologne, en 1921, portait sur son dos des paniers d'osier lourds du charbon qu'elle allait déverser dans les péniches. »*

Silicosé

Petter Bottcher, quarante ans, est un handicapé respiratoire. Autrement dit, un silicosé. Il aurait pu finir son temps sur le carreau de la fosse 9. Dans sa famille, trois générations de mineurs ont donné ses lettres de noblesse au charbon du Nord. Aujourd'hui, sa reconversion est toute trouvée. Il sera classé *« malade professionnel »* jusqu'à cinquante ans. Perte de salaire : 25 %. Ensuite, ce sera la préretraite et un revenu mensuel de l'ordre de 5 500 francs. *« Le Nord - Pas-de-Calais a déjà perdu son textile. Il perd maintenant son charbon. La région aura bien du mal à sortir du marasme. »*

Pas facile de demander à un homme qui a débuté dans la vie professionnelle comme galibot, à l'âge où l'on porte encore des culottes courtes, de voir l'avenir en rose lorsque s'effondre son univers. Les marins ont l'air du grand large. Les mineurs ont l'habitude des courants d'air de l'abattage, au bord de la taille. L'homme est ainsi fait qu'il ne se sépare pas sans peine de son environnement.

Le bassin houiller du Nord - Pas-de-Calais, c'était un État dans l'État. On entrait à la mine jusqu'à la mort en échange du travail, du logement, du chauffage et d'une protection sociale assez exemplaire. Le puits a son coron, son église, sa mairie, son école, son hôpital. Tout appartient à la mine, même les enfants, d'une certaine manière, que formait, hier encore, l'école du charbon.

Un État de dépendance qui, finalement, rassurait la famille du mineur qui vivait exclusivement du produit du bassin. La direction savait tout sur ses gens. Leurs heurs et malheurs et leurs velléités de révolte au moment des coups durs. Il est vrai que l'estaminet, qui avait toujours pignon sur rue, était un bon bureau de renseignements.

Avant le vin d'honneur et un dernier casse-croûte qu'ils ont voulu prendre ensemble dans la *salle des pendus*, hors du monde extérieur, les porions de la fosse 9 d'Oignies ont évoqué le souvenir de ceux qui ont péri au fond *« des fosses ténébreuses »*. Ils n'oublieront jamais les 1 100 morts de Courrières. C'était en 1901, pas loin d'Oignies. L'épopée de la *« glorieuse extraction »* a eu ses héros.

L. M.

Le chômage

Comment dirais-je?

Etude grammaticale

Dans le document télévisé nous rencontrons plusieurs phrases qui utilisent la préposition *depuis*. Notez bien l'emploi du présent du verbe:

Ils ne peuvent pas sortir depuis des semaines.
Depuis quatre mois cet homme est plutôt désenchanté.

Le maire de Guilvinec a accordé une interview à un reporter. Voici les réponses: quelles étaient les questions?

Exemple:

Depuis des semaines.
Depuis quand les pêcheurs ne peuvent-ils pas sortir?

1 Depuis l'été.
2 Depuis 25 ans.
3 Depuis le mois de novembre.
4 Depuis ce soir.

Et maintenant, vous êtes reporter, et à votre tour vous interviewez un des mineurs dont parle l'article du *Figaro*. Préparez cinq questions sur le modèle «Depuis quand...?».

Etude lexicale

Les deux reportages de cette Unité parlent des effets de la conjoncture économique. Trouvez des locutions pour remplacer les mots soulignés.

1 Nous devons faire des économies.
2 Il recevra une somme de 5.500 francs chaque mois.
3 Les personnes salariées recevront une aide financière importante pendant cette période.
4 Un mineur qui a déjà cinquante ans a la possibilité de prendre la décision de se mettre tout de suite à la retraite.
5 On a épargné de l'argent pendant l'été.
6 Chaque mois il faut payer des sommes pour le matériel acheté au moyen d'un prêt.

En dernière analyse

Est-ce la responsabilité du gouvernement national ou régional d'apporter un soutien financier aux victimes du chômage technique et des licenciements?

23 Sécurité et santé des employés

La plupart des adultes qui exercent un métier passent presque un quart de leur vie sur leur lieu de travail. Il est donc normal que les syndicats et les gouvernements aient voulu améliorer les conditions de travail: congés payés, assurances-maladie, médecins du travail sont parmi les mesures les plus importantes. Cependant il reste encore des choses à faire. Notre document télévisé propose une mise au point inquiétante sur les accidents du travail. L'article du *Figaro*, par contre, accorde une place privilégiée à la médecine du travail préventive.

Document télévisé

Regardez le reportage sur les accidents du travail.

Compréhension globale

Qu'est-ce qui a provoqué l'accroissement des accidents du travail?

Compréhension approfondie

1. On annonce combien de victimes pour l'année 1988?
2. Quelle tendance semble avoir changé?
3. Qu'est-ce que les accidents représentent pour les sapeurs-pompiers de Paris?
4. Selon les syndicats, qu'est-ce qui a provoqué l'accroissement des accidents?
5. Quelles statistiques semblent renforcer leur opinion?

A vous maintenant!

Vous êtes secrétaire d'un des syndicats du secteur bâtiment. Ecrivez à M. Sécurité pour indiquer votre inquiétude sur l'accroissement des accidents du travail.

Article de journal

Lisez l'article sur la médecine du travail:

Compréhension globale

Qu'entendez-vous par «la médecine du travail»?

Compréhension approfondie

1. Où, et par qui, le nouveau rapport a-t-il été présenté?
2. Que dit-on sur Jean-Pierre Soisson?
3. Quel est le nouvel élement dans la médecine du travail?
3. Pourquoi la prévention est-elle un grand atout?
4. Quelle section de la population est bien protégée à présent?
5. Quelles sont les populations «à risque considérable»?
6. Quel type de formation veut-on encourager?

A vous maintenant!

Imaginez que vous êtes le journaliste responsable de ce reportage. Le rédacteur vous demande de le raccourcir de 50%.

SANTÉ
Médecine du travail : un apport reconnu

Le rapport discuté au Conseil économique et social souligne l'importance de la prévention.

La médecine du travail est à l'ordre du jour de l'assemblée plénière du Conseil économique et social, qui s'est déroulée hier en présence de Jean-Pierre Soisson, ministre du Travail, de l'Emploi et de la Formation. M. Soisson, dont c'était une des premières interventions officielles, a rendu hommage à son rôle dans « *l'amélioration de la santé des Français et des conditions de travail des salariés* ».

Dans le rapport et le projet d'avis présenté par la section du travail, le rapporteur Maurice Rochaix décrit le nouveau visage de la médecine du travail, avec entre autres l'apparition des nouvelles technologies, qui « *ont modifié considérablement l'approche de la relation travail santé, et éliminé un certain nombre de risques* ».

D'où l'importance d'un « *bilan d'ensemble et une approche économique de la médecine du travail, sous l'angle coût/avantages* », qui permettraient de déterminer ses orientations à long terme, « *notamment face aux échéances européennes* ». L'un de ses plus grands atouts dans ce domaine est la prévention : « *Les médecins du travail ont apporté une contribution importante car les progrès scientifiques de la prévention ont renforcé leur possibilité d'action.* »

M. Rochaix s'est attardé sur un autre des aspects positifs du système français, la couverture de la population active, tout en expliquant dans quels sens elle pouvait être améliorée : si les fonctionnaires sont à peu près protégés, il reste des efforts à faire pour les emplois précaires à durée non déterminée, les travailleurs à domicile dont le nombre va augmenter à cause des nouvelles technologies, les jeunes en attente d'emploi et les chômeurs de longue durée, populations « *à risque considérable* ».

M. Rochaix a également insisté sur l'importance de la formation et de la recherche, encourageant la formation de type clinique, l'interdisciplinarité et une redéfinition des tâches (par exemple une meilleure utilisation des capacités des infirmières).

Enfin le rapporteur envisage (dans un futur non-précisé) de procéder à un redéploiement des effectifs et d'assouplir le système de la visite annuelle dans le cadre d'une politique contractuelle concertée entre employeurs et médecins du travail, ce qui impliquerait « *beaucoup plus de temps, beaucoup plus d'imagination, beaucoup plus de responsabilité* » de la part de chacun.

E.O.L

Sécurité et santé des employés

Comment dirais-je?

Etude grammaticale

Dans les deux reportages, plusieurs verbes pronominaux sont employés au passé composé. Rappelez-vous que les verbes pronominaux se conjuguent avec *être*, et que l'accord se fait entre le participe passé et le complément d'objet direct, pourvu que celui-ci précède le verbe – c'est-à-dire que dans la grande majorité des cas, il y a un accord entre le participe passé et le pronom réfléchi:

*Une nouvelle organisation du travail **s'est mise** en place.*
*M. Rochaix **s'est attardé** sur un autre aspect positif.*

Réécrivez les phrases suivantes au passé composé.

1 Les nouveaux intervenants sur le chantier se forment petit à petit.
2 La santé des Français ne s'améliore pas sensiblement.
3 Les employés s'habitueront-ils au travail en sécurité?
4 Les travailleurs à domicile se protégeront mieux.
5 Le système de la visite annuelle ne s'assouplit que lentement.
6 Le chiffre ne se remet-il pas à remonter?

Etude lexicale

Les deux reportages considèrent le statut de différents groupes de travailleurs. Voici quelques définitions: trouvez le terme proposé.

a 1 Celui qui exerce une fonction vacante pendant l'absence du titulaire.
   2 Personne employée et rémunérée.
   3 Celui qui travaille comme artisan sans l'être.
   4 Employé permanent dans une administration publique.
   5 Personne chargée d'une partie du travail concédée à un entrepreneur principal.

Et maintenant définissez à votre tour les groupes suivants.

b 1 accidentés du travail
   2 travailleurs sous contrat à durée déterminée
   3 chômeurs de longue durée
   4 travailleurs à domicile
   5 employeurs

En dernière analyse

Comparez les deux reportages: quels secteurs de la population sont les moins bien protégés au travail? Pourquoi, à votre avis?

En prenant l'exemple d'un métier que vous connaissez bien (par exemple, celui d'un de vos parents), préparez un compte-rendu des dangers à éviter et des mesures à prendre pour protéger la santé des employés.

24 Vendre ses produits à l'étranger

Tout industriel veut atteindre un marché international, et sa réussite contribue au bon équilibre du commerce extérieur de son pays. Mais un produit qui se vend bien en France est-il sûr de plaire ailleurs? Pas forcément, à en croire notre document télévisé. Les industriels feraient bien d'écouter les conseils des consultants qui connaissent bien les différents marchés européens. Selon l'article du *Figaro*, le problème est à régler sur un plan national aussi. Le design français a ses qualités, mais certains organismes pourraient aider les producteurs à mieux cibler les marchés étrangers.

Document télévisé

Regardez le reportage sur le commerce extérieur de la France.

Compréhension globale

1. Quel est le problème fondamental des producteurs français quant à l'exportation?
2. Relevez un exemple des «petits détails qui tuent».

Compréhension approfondie

1. Résumez la situation du commerce extérieur de la France en janvier 1990.
2. Comparez la réaction des marchés français et allemands au fauteuil d'André Goiset.
3. Quels détails n'étaient pas adaptés au goût allemand?
4. Quels aspects du fauteuil est-ce qu'on souligne dans les publicités italiennes et allemandes?
5. Quel pays pose un problème particulier?
6. Quelle est l'erreur des exportateurs français, selon André Mogg?
7. Comment travaille-t-il à la conception d'un nouveau produit?

A vous maintenant!

1. Résumez en 150 mots comment André Goiset a réussi à vendre son fauteuil à l'étranger.
2. Le travail du marketing et de la publicité est-ce ou non un métier qui vous plairait? Justifiez votre réponse.

Article de journal

Lisez l'article sur la création industrielle en France.

Compréhension globale

Quel est le problème examiné par le journaliste?

Compréhension approfondie

1. Pourquoi, selon le journaliste, le rapport de Bernard Hanon est-il resté confidentiel?
2. Quelle critique M. Emery fait-il du rapport?
3. Quels sont les facteurs qui contribuent au succès d'un produit, selon lui?
4. Comment Bernard Hanon veut-il porter remède à la faiblesse de la création industrielle en France?
5. Quelle est l'opinion du journaliste du Centre de création industrielle?
6. Que fait l'Agence pour la promotion de la création industrielle, afin de stimuler les entreprises françaises?
7. Que fait-on en France pour enseigner le design industriel?
8. Comment sont les produits français qui ont le mieux réussi?
9. A quoi les producteurs français sacrifient-ils quelquefois la forme?
10. Que devraient-ils faire?

A vous maintenant!

Vous travaillez pour un industriel français. Ecrivez une lettre au ministre de l'Industrie en lui demandant d'élaborer une politique pour améliorer le design industriel en France.

Le design en question ?

Un rapport confidentiel donne une fausse image de la création industrielle en France.

La *Proposition d'un schéma directeur du design industriel pour la promotion des produits français*, remise en novembre dernier par Bernard Hanon aux ministres de la Culture et de l'Industrie, est toujours confidentielle. Non que ce document recèle de secrètes stratégies susceptibles de compenser les déficits commerciaux mais plutôt parce que son contenu n'a strictement rien d'original : ses conclusions et recommandations ont en effet maintes fois été faites et partiellement appliquées. L'intérêt majeur de ce court rapport est ailleurs : dans les conceptions du design industriel et de ses potentialités qu'indirectement il révèle, autant de notions naïves et confuses que beaucoup partagent et qu'avec indifférence les instances chargées en France de la promotion du design cultivent.

Le design industriel, que Bernard Hanon qualifie indistinctement de « générateur d'une perception qualitative des produits », « enjeu économique majeur » ou, de « séquence finale (...) de l'élaboration du produit », est en réalité un processus global qu'ont très précisément cerné les historiens du design. « *Activité créatrice concernant la mise en forme d'objets produits industriellement* », écrit Noblet (1), résumant ainsi d'autres définitions plus complexes qui toutes focalisent sur la forme des produits de série. Appelée esthétique industrielle dans les années 50 et design de produit aujourd'hui, cette formalisation d'objets courants (et moins courants) met en jeu divers facteurs technologiques, esthétiques, fonctionnels, sémantiques ou commerciaux dont le dosage coucourt à la réussite du produit. Les qualités de l'objet ne sont pas uniquement dues à son aspect mais cet aspect les exprime et les valorise ; c'est dire le rôle du design dans la conception de produits et son importance dans la commercialisation.

Beaucoup en concluent que, comme la publicité, le design fait vendre. Bernard Hanon explique les mauvaises performances des produits français à l'étranger par leur mauvais design et propose de corriger ces faiblesses en créant une mission interministérielle puis un centre industrie-design qui serait « *ce que n'ont pas su (ou pas pu) être les différents organismes qui l'entourent ou l'ont précédé* ». La proposition n'est guère nouvelle (2) et son efficacité douteuse mais les échecs qu'elle dénonce suggèrent que préalablement à toute autre politique de design, il conviendrait d'en saisir les raisons.

Des budgets mal utilisés

Ces échecs sont en effet explicables bien que souvent irrationnels. Il est difficile de comprendre pourquoi les organismes touchant à la création industrielle se détournent systématiquement tous de leurs objectifs et manquent à leur mission. Pourquoi, par exemple, le CCI (3), dont la vocation première est de sensibiliser le public aux questions de design, ne le traite qu'en termes culturels, et sur un budget annuel de dix millions, mobilise quatre-vingts personnes à des manifestations byzantines sans véritables retombées intellectuelles ou populaires. Un rapport de l'Inspection des finances (resté, lui aussi, confidentiel) a récemment dénoncé ces perversions tout en stigmatisant l'interférence occasionnelle de certaines actions avec celles d'organismes proches, voire étrangers au design.

On peut également s'interroger sur les rôles du Bureau du design (4) ou de l'APCI (5) qui, parallèlement chargée de promouvoir le design industriel auprès des entreprises, les incite à « designer » leurs produits en exposant les travaux de jeunes illustrateurs japonais. Les 6 millions du budget annuel de l'APCI sont certes utilisés à d'autres actions promotionnelles mais ces manifestations sont culturellement trop sophistiquées pour prétendre influer sur l'aspect des produits français. Elles justifieraient plutôt les pratiques d'une élite autoproclamée qui entend monopoliser tout discours sur le design mais ne peut ou ne sait le clarifier le sens. Les rares publications spécialisées qui en reprennent les échos sont d'ailleurs trop onéreuses pour la grande diffusion, et l'objet du design, qui, par définition, est de série et donc populaire, n'est jamais publiquement débattu.

Des carences de forme

L'enseignement du design industriel souffre des mêmes équivoques. Très diversement dispensé par des établissements de niveaux, statuts et programmes différents, il n'est généralement compris qu'en section ou option. Plusieurs établissements publics ou privés assurent des formations très spécialisées mais ne peuvent égaler les grandes écoles anglaises, allemandes, italiennes ou américaines. L'ENSCI (6) s'y est essayée mais sans risque d'y jamais parvenir tant ses résultats sont catastrophiques : les 200 millions qu'ont en sept ans investis la Culture, l'Industrie, la Recherche et l'Éducation nationale n'y ont en effet produit qu'une formation ésotérique, un enseignement libre sans originalité.

Ces gestions sont criticables mais la critique porte peut-être moins sur les erreurs que sur la stratégie globale tenant peu compte des spécificités d'un design français où les références, les objets les mieux pensés sont technologiquement très sophistiqués (carte à puce, pneu radial, ski Rossignol) ou très simples (Vélosolex, pince Facom, chaise Mullca, verre Duralex) avec, comme exceptions confirmant la règle, la R 5. La forme, généralement sacrifiée dans les objets courants à leur solidité (cocotte Seb, Bic cristal), n'y est vraiment travaillée que dans les produits haut de gamme (mode, parfums) ; elle n'est souvent que résultante et donne du design français une image qui, comparée à d'autres, paraît mièvre. Bernard Hanon propose de l'améliorer par décret, mais l'expérience a montré qu'en matière de design, les politiques volontaristes ont toujours échoué. Le design français a ses qualités et défauts ; il a surtout certaines particularités culturelles qu'il conviendrait d'apprécier et mieux exploiter.

Marc EMERY.

---

(1) *J. de Noblet*, Design, Somogy, Paris, 1988.
(2) *J de Noblet*, Manifeste (design et succès industriel), 1989.
(3) *Centre de création industrielle, Centre Georges-Pompidou.*
(4) *Ministère de la Recherche.*
(5) *Agence pour la promotion de la création industrielle.*
(6) *École nationale supérieure de création industrielle (les ateliers).*

… Vendre ses produits à l'étranger 87

Comment dirais-je?

Etude grammaticale

Choisir entre les prépositions *à* et *de*, c'est toujours une source d'embarras. Voici deux exercices qui reprennent des phrases utilisées dans l'un ou l'autre des reportages. A vous de compléter les blancs avec *à* ou *de*.

Verbes

1 Il conviendrait_____ apprécier les particularités du design français.

2 Il est difficile_____ comprendre pourquoi ces organismes se détournent de leurs objectifs.

3 La France a du mal_____ vendre ses produits.

4 Le Bureau du design incite les producteurs_____ scruter l'exemple japonais.

5 M. Hanon propose_____ corriger ces faiblesses.

6 On commence_____ les commercialiser en Allemagne.

Noms

1 La Hollande est un nouveau pays_____ problème pour M. Goiset.

2 Comment expliquer les mauvaises performances_____ l'étranger?

3 Les manchettes n'étaient pas prévues_____ l'origine pour supporter la personne.

4 La balance commerciale penche_____ mauvais côté.

5 Divers facteurs concourent_____ la réussite du produit.

6 L'enseignement du design souffre_____ mêmes problèmes.

Etude lexicale

Dans le document télévisé on parle de ce qui réussit et de ce qui ne réussit pas. Trouvez des locutions pour remplacer les mots soulignés.

1 La moitié des nouveaux produits <u>n'ont aucun succès</u>.

2 La couleur du fauteuil <u>n'était pas bien vue</u>.

3 En France le modèle <u>avait obtenu un grand succès</u>.

4 En Allemagne le produit <u>était mal reçu</u>.

5 On a trouvé que le produit <u>n'atteignait pas sa cible</u>.

En dernière analyse

Choisissez un produit déjà bien répandu en Grande-Bretagne qui pourrait se vendre bien en France. Selon nos deux reportages, quelles questions les producteurs devraient-ils se poser sur les goûts des Français avant de le lancer?

Documents télévisés: Transcription

Unité 1　L'organisation du bac　21.6.89　2'12"

Le grand frisson pour 480.000 élèves de **terminale**, c'est demain avec le début des grosses épreuves du bac. Il y a déjà eu le français lundi pour les élèves de première, et puis le bac technique ces jours-ci, mais demain c'est le gros morceau. L'organisation du bac chaque année, c'est un scénario qui **frise** la catastrophe. Pas facile à mettre en place. Enquête: Chantal Kimmerlin et Philippe Gabay.

Derrière ces fenêtres, c'est l'enfer du bac, et la maison ne répond plus. A l'intérieur on prépare des milliers de sujets, on attend des millions de copies. Il faut surveiller, corriger, examiner, répartir. C'est l'effondrement.

– Eh bien, des crises de nerfs, des crises de larmes, de **l'hypotension**, **des hypertensions**, de la **spasmophilie**, à peu près 30 à 40 personnes par jour, hein.
– Sur combien?
– Sur 300 personnes.

Un service public qui ne peut plus répondre à la demande. Trente-cinq mille candidats de plus cette année, des bacs de plus en plus spécialisés. Des nouvelles options – théâtre, cinéma, audiovisuel – pour quelques 400 candidats. Certaines comme le géorgien, le tamoul, ou le bambara pour un seul candidat, ou guère plus.

– Si on vous demande le poste pour le tamoul au bac, vous savez répondre?
– Ah oui, 213.
– Les BTS,[1] alors?
– Il y en a plusieurs. La comptabilité, c'est 330; action commerciale, 331.
– Des protestations, aussi, vous en avez beaucoup?
– Ah, oui, tout le temps. Ils protestent quand ils sont pas reçus, et même quand ils sont reçus.
– Alors pourquoi est-ce qu'on vous appelle en gros?
– Oh, pour des bêtises. Le chien a mangé ma **convocation**. Maman l'a lavée.

En production matérielle, c'est aussi le stress. Plus de 12.000.000 de sujets sont passés sur ces **rotatives** pour ce seul mois de juin. On imprimait encore aujourd'hui à 14 heures. **Hypertrophie** à tous les étages: l'entreprise bac devient précaire. Depuis plusieurs années **une épée de Damoclès** menace à terme ce grand examen national. Demain le bac assurément aura lieu, mais de justesse. Demain cette même maison devra répondre à un autre problème: on manque de professeurs pour corriger les copies.

Et puis n'oubliez surtout pas qu'Antenne 2 vous propose tous les corrigés du bac, du bac technique et du brevet. C'est très facile, c'est sur **Minitel**. Alors vous composez simplement 36-15-code APOS.

[1] le BTS = Brevet de Technicien Supérieur

Unité 2　Formation et orientation　28.2.90　2'48"

Cet après-midi, François Mitterrand était à Meaux. Thème de sa visite: les contrats-formation. Il saluait le 60.000[ème] bénéficiaire de ces contrats, mis en place en septembre dernier. Le chef de l'Etat en veut 200.000 par an. Il s'agit, je vous le rappelle, de mesures pour aider les jeunes de seize à vingt-cinq ans à acquérir une formation qu'ils n'ont pas pu avoir au collège. Alors, concrètement, comment les jeunes peuvent bénéficier de ce type de contrat-formation? C'est ce qu'Eve Metais et Philippe Dumail ont cherché à savoir à Evry dans l'Essonne.

– Vous travaillez tout seul. Vous faites ce que vous pouvez. Ne vous énervez pas sur une feuille.

Des mathématiques, du français, un drôle de baptême du feu pour ces 15 jeunes gens de seize à vingt-cinq ans. Tous ont en commun un échec scolaire, tous ont quitté l'école à seize ans sans diplôme.

– Moi, au début je me disais, les diplômes, ça sert à rien. Alors c'est pour ça que maintenant, je suppose que maintenant il faut avoir un diplôme... pour avoir un travail.
– Il y a deux ans j'ai loupé mon BEP.[1] Alors le seul moyen de le repasser, c'était de passer par **téléformation**.
– Un diplôme, c'est important selon le métier qu'on veut faire.
– Qu'est-ce que vous voulez faire, vous?
– Moi, je veux être transport-routier.

Le crédit-formation, selon la publicité, c'est le droit à la deuxième chance. Pour Eric Pastor, celle de préparer le CAP[2] qu'il n'a pas obtenu au collège.

– Si tout va bien, on va pouvoir en somme réfléchir sur un **parcours** de formation.

La caractéristique du crédit-formation, c'est l'existence d'un «correspondant», au terme de la loi, une sorte de **parrain**, destiné à éviter les stages parking.

– La nouveauté, c'est surtout l'accompagnement du jeune. Le correspondant donne ce parcours de formation qui peut s'étaler sur deux ans, hein? C'est plus, un jeune qui vient nous voir, qui demande une formation, la réponse qu'on lui donne, c'est un stage de trois mois ou de six mois. Après il revient nous voir. On a assisté à des jeunes qui sur cinq ans avaient fait 36 stages et puis ils se retrouvaient toujours dans la même situation.

Documents télévisés: Transcription

En fait, les stages auxquels donne droit le crédit-formation sont les stages-jeunes qui existaient déjà: SIVP,[3] contrat d'adaptation et autres. Eric Pastor, par exemple, s'est vu proposer un contrat de qualification, une sorte de contrat d'apprentissage en électricité du bâtiment. Rien à voir avec sa vocation de chauffeur-routier, mais il est content tout de même d'être pris en charge.

– C'est mieux que l'école... on exprime ce qu'on veut. On peut dire ce qu'on veut, tout. A l'école, on disait ça, on se prenait des heures de colle, ou on se faisait renvoyer, quelque chose comme ça.

Alors, une réelle deuxième chance, ou un simple **habillage** des anciennes formules? Bilan du crédit-formation dans deux ans, à l'issue des premiers contrats.

[1] BEP = Brevet d'Etudes Professionnelles
[2] CAP = Certificat d'Aptitude Professionnelle
[3] SIVP = Stage d'Insertion à la Vie Professionnelle

Unité 3   La pédagogie de l'école primaire   5.2.90   2'25"

La révolution à l'école primaire maintenant. On s'occupe de nos chères têtes blondes. Pour la rentrée 91, Lionel Jospin a présenté sa nouvelle politique pour l'école primaire. Le ministre de l'Education a expliqué qu'il s'agissait surtout d'éviter les **redoublements**. Il y aura donc deux cycles de trois ans. Autres changements: une semaine de 26 heures au lieu de 27. Autre décision encore: il n'y aura pas forcément cours le samedi matin. Cela dépendra de la décision des enseignants et des dirigeants de l'école. Cette formule pour l'école primaire a déjà été expérimentée dans certaines classes, par exemple à Trappes, dans Les Yvelines. Chantal Kimmerlin, Patrick Ryan, retour à la maternelle.

La classe de Chantal est une classe comme une autre. **Un cours élémentaire** de 19 écoliers. Ils sont toujours ensemble pour l'histoire, la géographie, les sciences naturelles ou l'instruction civique. Mais chaque matin pendant trois heures la classe éclate en groupes.

– Dans un premier groupe... dans un deuxième groupe...

La classe se partage pour étudier le français ou le calcul, les deux matières fondamentales, selon le niveau de chacun. Les plus faibles vont chez Marie-Catherine rattraper le français. Les autres, plus forts, suivent le cours d'à côté, chez Jean-Claude ou Lucy. Résultat de ce savant **chassé-croisé**: les moins doués ont toutes les chances de rattraper le niveau de la classe, sans avoir à redoubler. Les plus forts peuvent gagner une année progressivement, sans sauter de classe.

– Ça s'est très bien passé il y a deux ans. Ça a permis à chaque enfant d'atteindre les objectifs du programme à son propre rythme.

Véritable **casse-tête** chinois pour les non-initiés, ce système de cycles de trois ans est très bien **rodé**. L'équipe éducative est plus que motivée. Les instituteurs, les **conseillers pédagogiques**, l'inspectrice se battent sans cesse avec les plannings de classe, les mouvements de groupes, les tests trimestriels, le niveau et le rythme de chaque écolier. Pas facile.

– C'est une question de volonté. Et à l'heure actuelle cette volonté (reporte) repose, pardon, sur quelque chose qui a trait au **bénévolat** en grande partie. C'est-à-dire que l'enthousiasme est tout à fait nécessaire.

Ici on n'a pas attendu le discours du ministre pour innover. Mais on sait déjà à quelles conditions l'expérience peut réussir. Les classes ne doivent pas dépasser 25 élèves. Les instituteurs doivent, eux, s'investir totalement, sans compter les heures supplémentaires.

Unité 4   Le manque de professeurs   8.2.90   2'40"

Bonsoir, et tout d'abord l'absentéisme des profs. En ce moment c'est un vrai problème dans l'Education nationale. Ce n'est pas que les professeurs ou les instituteurs soient plus absents qu'auparavant, qu'en temps normal, mais quand ils sont absents ils ne sont plus remplacés, et les élèves n'ont personne pour leur faire les cours. D'où mécontentement des parents, qui parfois n'hésitent pas à exprimer leur **ras-le-bol** d'une façon un peu vive, comme tout à l'heure à La Garenne-Colombes. Les parents d'élèves ont retenu dans son bureau le directeur de l'école. Serge Misrai et Patrick Redslob.

Une classe de CM1[1] sans maître depuis 35 jours. Des instituteurs absents depuis septembre, et non remplacés. Aujourd'hui les parents en colère décident d'assurer les cours eux-mêmes.

– J'ai reçu l'ordre de l'inspection départementale de ne pas vous laisser entrer dans l'établissement. Ainsi que les parents d'ailleurs.

Courtoisement, certes, mais aussi avec fermeté, les parents vont donc **passer outre** à l'interdiction.

Huit heures ce matin dans la cour de l'école de la rue Houdon à Paris. Vingt-sept élèves attendent un instituteur qui ne vient pas. Image classique du directeur qui va répartir les enfants dans d'autres classes. Mais la patience a des limites. Trois enseignants sont absents depuis huit jours, et ne sont pas remplacés. Cette fois le Conseil des maîtres décide de renvoyer les élèves à la maison.

– Là, pour la question de ne pas les remplacer, c'est nous prendre un peu pour des imbéciles. C'est-à-dire, pendant un certain temps on joue sur notre bonne volonté, sur la fibre de l'adulte dans la relation à l'enfant. Là, à un moment donné, il n'est plus possible de **gérer** ça. Il n'y a plus de limites. Alors, là, on a dû lui dire: non, ça suffit, ce n'est plus possible.

Le Syndicat national des instituteurs a décidé de les appuyer, d'accord avec les parents. S'il n'y a pas de remplaçants, disent-ils, c'est parce que le ministère n'assume pas ses responsabilités, face aux enseignants.

– Ils n'arrivaient plus à travailler avec leurs propres classes. Ils se retrouvaient avec 40 élèves dans leurs classes, dans des locaux **exigus**, avec des enfants qui n'étaient pas du même niveau, car j'ai des enfants de Cours Moyens qui se sont retrouvés en **maternelle**. Je ne sais pas si vous voyez la situation.

– Ce n'est plus possible de travailler comme ça.
– Ce n'est plus possible.

Il n'y a pas plus d'absentéisme dans l'Education nationale qu'ailleurs, disent les pouvoirs publics. Sur 700.000 instits et enseignants, près de 40.000 absents, surtout l'hiver. Difficile à gérer au niveau des **rectorats**, même s'ils font appel à des remplaçants ou des stagiaires peu nombreux. Il faut tout de même savoir qu'un instituteur absent, c'est 27 élèves sans enseignement.

Et si vous voulez savoir la fin de l'histoire, eh bien sachez que tout s'est bien terminé finalement. Le directeur a pu repartir chez lui.

¹CM = *Cours Moyens*

Unité 5   La pollution des rivières   11.6.88   2'34"

Il y a 48 heures maintenant que les 200.000 habitants de Tours et de sa région sont privés d'eau courante après l'incendie qui a ravagé une usine de produits chimiques. Pour l'instant les robinets restent fermés avec un espoir de voir la distribution normale se rétablir peu à peu à partir de lundi. Les secours se sont organisés; de l'eau a été acheminée par trains **citernes**; chacun reçoit une ration minimum – une situation désagréable pour les **particuliers** mais beaucoup plus gênante, si elle se prolongeait, pour les commerçants, agriculteurs et industriels... Patrice Velay sur place... .

La Loire en quarantaine... . Ses eaux n'inspirent plus confiance. Pour s'en sortir, une seule solution: avoir des idées. Et pourquoi pas mettre en bouteille ce liquide saumâtre? Prenez une mini-station d'épuration, quelque bonne volonté pour travailler le week-end, et des mètres de tuyau. Faites un barrage sur une rivière non-polluée, la Bédoire, et le tour est joué.

– Dans ce petit ruisseau se trouve une pompe immergée, qui refoule dans la mini-station qui se trouve derrière moi, et l'eau est filtrée par des filtres à sable. Ensuite cette eau est **raccordée** sur le réseau communal et c'est parfaitement une eau **potable**.

Encore quelques efforts et cette nuit l'eau coulera à flots: 1.000 mètres cubes par jour – une **aubaine**. Mais dans les fermes le problème reste entier. Il faut sortir les citernes et retourner aux puits: avec une pompe c'est tout de même plus facile.

– Et vous avez installé ça il y a longtemps, madame?
– Depuis trois semaines.
– Donc, là ça tombe bien maintenant!
– Pour les vaches, ça tombe... c'est épatant. J'espère que les autres agriculteurs ils soient *(sic)* exactement pareils que nous.

Justement tous n'ont pas cette chance. Bernard Braguer, par exemple, 25 bêtes aux champs, et bien des soucis. L'eau pour lui est devenue une priorité absolue.

– Si l'eau ne revient pas dans les jours à venir, ça va poser de très sérieux problèmes.
– Quel genre de problèmes ça pourrait vous poser?
– Disons que... bon on a du travail autrement, tandis que là on va passer notre temps à aller chercher de l'eau pour ramener aux animaux. Bon, mais disons là j'ai une mare... j'ai des animaux qui viennent boire. Avant ils ne venaient pas boire, quoi. On essaie de se débrouiller comme on peut.

Reste la solidarité pour combattre l'inquiétude. Mais à la campagne comme à la ville, si la pollution et la **pénurie** s'installent, le début de semaine sera très difficile.

Unité 6   La propreté des plages   27.6.89   2'04"

Dans quelques jours les vacances et une saison touristique d'été qui s'annonce, pour les professionnels en tout cas, excellente, notamment pour ceux des côtes méditerranéennes et atlantiques: ils ont fait le plein de réservations.

Comme l'année dernière, le pavillon bleu, label de qualité, flottera sur quelques plages françaises. Elles sont 125 à présenter les caractères de propreté, de qualité des eaux et d'équipement nécessaire: prototype – Le Lavandou. Reportage de Claude Crespo et Aimé Maillol... .

Le Lavandou c'est 4 km 400 de sable fin, partagé en huit plages. Quatre mille six cents Lavandourins en basse saison, entre 100.000 et 150.000 **estivants** juillet et août. Chaque jour débute à cinq heures par ce ballet de véhicules. Ces gros équipements, en y joignant les camions qui vont transporter les **détritus** dans les **décharges**, coûtent 1.800.000 francs par an, plus 30.000 francs de **carburant**. Quant au personnel, saisonnier ou à l'année, la **commune** dépense 340.000 francs pour leurs salaires. Je vous passe les frais d'analyse d'eau de mer entre autres, la surveillance de la plage par les **secouristes**, l'hébergement de ces derniers, et les **balises**. Un banal flotteur comme celui-ci vaut entre 500 et 1.000 francs et ici il y en a près de 120.

Mais le résultat est là. A quelques mètres du bord, des eaux limpides. Cependant cette clarté est aussi due à une idée de la commune: la réutilisation des eaux usées, retraitées chimiquement.

– Ces eaux pourraient être réinjectées dans les **nappes phréatiques**. Ce sont des expériences qui ont été mises en place aux frais de la commune en ce qui concerne Le Lavandou depuis quatre ans et j'espère que là nous allons pouvoir démontrer que nous pouvons, après un traitement **tertiaire**, réutiliser ces eaux de station.

Cela rentrerait dans les caisses du Lavandou les loyers des 27 plages privées: ils rapportent plus de 350.000 francs. Additionnez et faites la soustraction: pour que le sable qui fuit entre les doigts de cette **naïade** soit propre, cela coûte 1.000.000 de francs par kilomètre.

Unité 7 Menaces écologiques   7.2.90 2'15"

En France, confirmation au Conseil des ministres ce matin: un **sursis** pour la Loire. Le gouvernement renonce à deux des quatre barrages prévus sur le plus grand fleuve français. Nous vous le disions il y a plusieurs soirs, en tout cas la construction de ces barrages est repoussée. C'est une victoire des écologistes. Alors il s'agit du barrage de Chambonchard sur le Cher, un affluent, et celui de Serre de la Fare, près du Puy. Claude Sempère et Roland Théron se sont rendus dans cette belle région de Haute-Loire... soupir de soulagement.

La Loire pourra donc continuer à couler tranquillement près de Serre de la Fare. Cela faisait deux ans qu'écologistes et habitants de la région luttaient contre le projet d'établissement d'un barrage sur le fleuve.

– Alors, le barrage était prévu ici, rive gauche vers le rocher, et rive droite vers la petite forêt. Et toute la vallée aurait été noyée sous 60 mètres de l'eau (*sic*), pratiquement jusqu'un peu en dessous de ce petit château là-haut.

Si le barrage avait existé c'est au total près de 14 kilomètres de gorge sauvage, encore intacte, qui auraient disparu sous les eaux. L'Association SOS Loire vivante, qui avait mené la lutte contre ce barrage, pousse aujourd'hui un soupir de soulagement.

– On reconnaît officiellement que le projet de barrage de Serre de la Fare ne **tenait pas la route** et que nos arguments eux étaient des arguments sérieux. Seulement un délai, un délai, une attente – nous restons tout à fait vigilants.

A quelques kilomètres de là, les habitants du petit village de Colempce restent, eux aussi, tout à fait vigilants. En cas de barrage, c'est tout leur village qui serait **englouti** sous les eaux. Et pour Marie-Rose, quatre-vingt-quatre ans, pas question d'abandonner sa maison.

– Moi je ne me suis pas battue longtemps pour qu'on noie mon village. Je voudrais qu'on reste ici. Ma maison telle qu'elle est. Moi je ne veux pas qu'on fasse des barrages... je ne veux pas. Maintenant, je me bats contre le barrage. Du tout. Je veux la Loire... qu'elle soit telle qu'elle est.

Désormais les habitants de Colempce devraient pouvoir poursuivre leur vie tranquille, une vie à l'ombre d'un site absolument magnifique.

Unité 8 Ecologie et politique   19.6.89 1'45"

Un dernier coup d'œil sur les **Européennes** et nous en terminerons par là pour aujourd'hui: le score surprenant obtenu par les listes des chasseurs et pêcheurs en France. Plus de 4% – c'est beaucoup, même si cette liste a été parfois le refuge de toutes sortes de mécontentements sans rapport avec le lièvre ou avec **le goujon**... Bruno Roger Petit ....

Les chasseurs ne hisseront pas le drapeau blanc. Se sentant encerclés par des écologistes de plus en plus puissants, ils contre-attaquent et **battent** maintenant **la campagne** électorale. Résultat: 4% des voix ont été **débusquées** aux élections européennes, et, **fleuron du tableau de chasse**, la Somme, la Gironde, les Landes – des départements où plus de 14% des voix sont tombées dans l'**escarcelle** des chasseurs. Mais attention! S'ils aiment la chasse, ils affirment aussi mener le même combat que les écologistes.

– De toute façon, c'est à peu près la même chose. Nous luttons pour la même chose, pour la sauvegarde de la nature. Et dans la plupart des cas, eh bien c'est la même guerre qui continue: la préservation du **gibier**.

Les **palombes** girondines et autres **tourtourelles** landaises n'ont qu'à voler plus haut. Il existe désormais un vote chasseur, un vote très protestataire émis par une corporation qui s'estime en état de siège, rebelle aux directives de la Communauté Européenne qui limitent leur droit de chasse.

Entre des écologistes entrant au parlement européen pour y défendre la nature et des chasseurs qui n'aiment pas l'Europe, l'affrontement promet d'être rude.

Documents télévisés: Transcription

Unité 9 La prévention routière   20.6.89   2'35"

Les vacances, les plages, la chaleur, bien sûr, mais aussi les routes. Attention! Le gouvernement va être sévère cet été pour les **chauffards**. L'avertissement a été lancé tout à l'heure au cours d'une réunion à Matignon autour du Premier ministre Michel Rocard. Explication d'Agnès Poirier… .

– «Les automobilistes doivent apprendre la conduite apaisée» – ce sont les propres mots cet après-midi de Michel Rocard. L'opération, menée avec des responsables de sociétés automobiles et différents medias, va durer tout l'été. Dans quelques jours on proposera à tous les conducteurs de signer un pacte de la route: pas d'alcool, pas d'excès de vitesse, ne jamais oublier la ceinture de sécurité, ne jamais **griller** un feu rouge, entretenir son véhicule, être attentif aux piétons et aux cyclistes, des engagements en tout pour une plus grande sécurité. Responsabiliser les automobilistes, mais aussi réprimer: comme l'année dernière, sur les routes les forces de police seront plus nombreuses, les contrôles vont s'intensifier, et les permis pourront être suspendus immédiatement en cas d'**infraction** grave.

Et les amendes payées immédiatement sur les routes… eh bien c'est peut-être pour demain, déjà en tout cas pour aujourd'hui dans cinq départements. C'est une expérience de trois ou quatre mois. Alors Isabelle Staes s'est rendue dans un de ces départements, l'Essonne… .

– Les automobilistes trouvent parfois que les gendarmes poussent un peu. Non seulement ils **verbalisent**, mais depuis hier ils **encaissent** les amendes.

– Bonjour, madame, gendarmerie… . Vous ne portez pas votre ceinture de sécurité. Vous avez 230 francs à payer. Vous avez le choix de payer directement, donc de faire un **versement** immédiat, ou bien de régler plus tard, avec un timbre-amende.

– Vous ne voulez pas payer immédiatement?
– Non, vous savez. Parce que, moi je veux voir si ça va sauter. C'est pour ça.
– Pourquoi?
– Parce que mon mari fonctionne dans la police, alors il n'y pas de raison… eh?
– Bien sûr. On paie maintenant ou après. Il faut payer.

– Il ne faut pas leur donner du **pognon**. Puis deuxièmement j'ai la possibilité de la faire sauter.

Rares sont ceux qui paient comptant. C'est l'intérêt du test aujourd'hui – se débarrasser rapidement d'une **contravention**. En revanche, dans quelques mois les amendes ainsi acquittées devraient être minorées. Pour les gendarmes, la tâche se complique.

– Ça amène des gendarmes à manipuler de l'argent. Ce qui n'était pas l'habitude, de se faire donc les auxiliaires du Trésor. Enfin c'est une expérimentation qui va durer six mois. Et nous verrons après quels sont les aménagements qui peuvent être apportés.

Absence de ceinture, ou de casque pour les cyclomotoristes, seules les infractions mineures sont concernées. Payer moins, mais tout de suite, dissuadera peut-être les fraudeurs.

Unité 10 Bison Futé   12.8.88   2'48"

La circulation: déjà des accidents et des **bouchons** dans la Vallée du Rhône, en raison de la pluie notamment. Pourtant Bison Futé annonçait un week-end plutôt calme. Tout de suite je vous propose de voir les conseils de Bison Futé pour ce weekend orange.

Départ ou retour, l'autoroute du Sud sera chargée demain, samedi. Pour ceux qui descendent dans le Sud, zones à éviter: Lyon de 10 à 14 heures, et pour ceux qui rentrent à la même heure, des ennuis dans l'ensemble de la Vallée du Rhône, avec des **points rouges** en milieu de journée à Sisteron, Montpellier et Orange. Dimanche, la route est à vous, mais lundi de nouveaux ennuis pour les vacanciers de retour. La région parisienne est fortement déconseillée en début de soirée, ainsi que Bordeaux. D'autres passages difficiles en fin de journée vers Le Perthus, Montpellier et Le Mans.

Michel Delebarre, le ministre des Transports, a annoncé tout à l'heure une augmentation des **crédits** pour la sécurité routière de 50% pour l'année prochaine. Mais que cela ne vous empêche pas d'être très, très prudents dès ce week-end. En tout cas, si vous voulez des renseignements sur l'état des routes, sur votre itinéraire aussi, voici deux nouveaux services Minitel. Eric Perrin… .

Dernier départ de vacances ou premier retour, c'est toujours la même question – faut-il partir deux jours avant la date prévue, ou deux jours après pour éviter les jours rouges? **Quitte à écourter** ses vacances ou à prendre un jour de congé supplémentaire.

– Avancer notre retour. C'était samedi, normalement, et on est rentrés aujourd'hui.
– Donc vous avez perdu quelques jours de location alors?
– Oui, deux jours, oui. Mais enfin, c'est rien.

– Pour moi, jamais partir les jours rouges. Rarement, hein?

– Je me suis libérée aujourd'hui pour partir avant samedi, quoi, avant dimanche.

Le Minitel vient à son tour au secours des automobilistes. Pour affiner les calculs et pour arriver le Jour J au travail, il fournit des informations plus précises.

Tout d'abord 36-15 code: route. Magazine d'Information routière et de sécurité: ce **serveur** donne deux semaines à l'avance les prévisions du trafic. Le jour du départ on peut connaître instantanément l'état de la circulation sur tout le réseau routier. Quant à ceux qui hésitent encore entre l'autoroute et la nationale, 36-15 code: ITI. Pour rentrer à la maison sans se tromper de direction, vous indiquez la ville de départ, la ville d'arrivée; l'ordinateur fait le reste.

– L'avantage, notamment par rapport à une carte normale, c'est que l'ITI vous donne exactement la lecture des **panneaux** qui sont sur la route. C'est-à-dire que les points de passage, les villes-**jalons** de votre itinéraire, ce seront les villes qui sont exactement écrites sur le bord des routes. Donc vous lisez avec ITI, vous lisez votre route.

Il est donc indispensable de noter scrupuleusement les indications données par le Minitel. Les développements sont prévus dans le futur. On obtiendra même le coût du voyage, essence et péage compris.

Unité 11 Les bouchons du ciel   2.7.88   2'55"

La première grande vague des départs en vacances d'été se termine ce soir, et pour la première fois cette année, en 1988, aux embouteillages classiques sur terre il faut y ajouter ceux dans les airs. En effet, même si le trafic aérien reste marginal par rapport à la route, son expansion est telle que l'on peut désormais parler de bouchons du ciel, comme le prouve ce reportage réalisé ces dernières 48 heures, pendant lesquelles on a battu tous les records de mouvements aériens au-dessus de la France. Jacques Violet, Jean Corneille… .

– Vols réguliers, supplémentaires, charters… en trois jours la France va battre tous les records de trafic aérien et d'**encombrement** d'aéroports. Pour la seule journée d'hier, 1er juillet, 5.500 mouvements d'avion. A Orly, tout avait pourtant bien commencé. Dans la matinée les **décollages** et les **atterrissages** se succédaient sans trop de problèmes. Une demi-heure de retard en moyenne, due à une grève du personnel et des pompiers des aéroports de Paris. Tout se gâte vers midi. 12 h 40 – le 747 de Minerve, venant de Fort de France se pose sous la pluie avec 467 passagers à bord, mais après huit heures de vol, pas de place pour stationner. Le Jumbo ressort, il devra attendre qu'on lui attribue une place.

– J'ai circulé 40 minutes, et on a consommé deux tonnes cinq de kérosène pour rien, quoi. Et ensuite on a décidé de venir à ce parking-là, parce qu'autrement on attendrait encore. Personne ne prenait de décisions.

L'après-midi, et à Orly-Ouest, rien ne va plus. Les halls d'embarquement sont saturés. Les retards vont aller en s'aggravant d'heure en heure. 15 h 30, le premier Airbus A320 de la Compagnie Intérieure décolle pour Grenoble. 17 h 00, les avions partis dans le sud vers Nice et Marseille rentrent à Paris avec des retards de trois à quatre heures. Les contrôleurs aériens d'Aix-en-Provence n'absorbent plus l'ensemble du trafic. L'espace aérien français est saturé comme pour tous les grands weekends. Pour Air Inter, toutes les rotations sont **décalées**. Il faut même **annuler** certains vols: les passagers sont exaspérés.

– Personne ne fait plus rien… . Mais y a-t-il un responsable ici?

Air Inter demandera qu'Orly reste ouvert au-delà de 23 h 00. A 00 h 09 on commence seulement l'embarquement du vol 6831 pour Nice, prévu normalement à 21 h 35. Il décollera à une heure du matin. Ceux qui ne sont pas partis téléphonent, ou dorment déjà sur les banquettes.

Unité 12 Tracés du TGV   4.8.88   2'03"

Le train maintenant. La colère des habitants d'Amiens, je vous le disais dès hier. Le gouvernement a confirmé: le **tracé** du TGV-Nord,[1] ce sera un Paris-Lille direct. Il n'y aura pas de **crochet** par Amiens. Michel Mompontet et Jean-François Hoffman ont entendu gronder la colère en Picardie. Reportage… .

A P.-sur-Soire: 150 habitants, une église. C'est ici que le TGV-Nord **desservira** toute la Picardie. La gare reste à construire. Amiens: 150.000 habitants, deux gares, capitale de région, mais sans TGV, la décision est prise. Les Picards devront en prendre un autobus durant 40 kilomètres s'ils veulent, eux, profiter de ce train à grande vitesse. Ils en sont privés et n'**en reviennent** pas.

– Je crois que ça restera dans l'histoire de l'administration française comme la plus gigantesque bourde de la décennie, de la fin du 20ème siècle. Véritablement, c'est à se taper la tête contre les murs. L'administration a un point de vue, et en particulier la SNCF.[2] Elle ne veut pas **en démordre**. Aujourd'hui, d'ailleurs, le Premier ministre ne nous dit pas que nous avons tort; il dit tout simplement «nous devons tenir les délais».

La ligne TGV-Nord doit en effet arriver à Calais en même temps que l'achèvement du tunnel sous la Manche, qui a déjà suffisamment de retard, c'est vrai. Le faire passer par Amiens ferait perdre, d'après M. Delebarre, plusieurs semaines. A Amiens on rétorque que ce trajet direct vers Calais ferait économiser 26 minutes aux voyageurs et trois milliards de francs à l'Etat.

– Vous savez, dans une opération de ce type, qu'est-ce trois milliards de francs pour moins bien faire? Pour imager, trois milliards, c'est l'équivalent de 10.000 logements, au moins dans notre province. 10.000

logements, c'est une ville de 40.000 habitants. Aujourd'hui il se passe ici comme si le gouvernement, la SNCF **rayait** de la carte deux villes de 40.000 habitants par un cataclysme. Tout le monde s'inquiéterait, mais ici ça ne gêne personne. C'est scandaleux, et c'est une provocation.

A Amiens on a ce soir l'impression d'avoir été trahi, de rester à quai regardant passer, impuissant, le train du progrès.

[1] le TGV = le Train à Grande Vitesse
[2] la SNCF = la Société Nationale des Chemins de Fer

Unité 13 Réaménagement de la région parisienne
3.10.89   3'35"

Madame, monsieur, bonsoir. Une demi-heure de plus par jour! Si vous habitez la région parisienne, si vous faites donc partie des quelques 10.000.000 de personnes qui **pestent** quotidiennement contre le trafic et le transport, sachez qu'en 10 ans le temps que l'on y passe s'est allongé d'une demi-heure par jour. La région parisienne pourtant la plus riche de France n'est pas nécessairement celle où l'on vit le mieux, bien au contraire. Ainsi beaucoup de gens travaillent à l'ouest de Paris, où sont les bureaux mais pas les habitations et les **loyers** deviennent hors de prix faute de logements en quantité suffisante. Le Premier ministre Michel Rocard a fait du réaménagement de la région parisienne une **besogne** prioritaire. Il a présenté son plan en Conseil des ministres tout à l'heure. Commençons par le logement, avec Jean Peyzien et Bernard Branque….

Sept heures du matin. Claudine, son mari et ses fils achèvent leur petit déjeuner. Leur maison est à Chelles à 30 kilomètres à l'est de Paris. Vingt minutes de voiture jusqu'à la gare de Noisy, c'est là que Claudine prend le RER[1] qui la conduit à La Défense, à l'ouest de Paris. Trois quarts d'heure. Encore un quart d'heure de marche: durée du transport aller et retour: trois heures par jour dans le meilleur des cas.

– J'ai fait des sacrifices, j'ai une heure et demie le matin et une heure et demie le soir de transport mais j'ai fait ce choix-là. J'espère que les transports vont s'améliorer et qu'on voyagera dans de meilleures conditions, qu'on passera moins de temps dans les transports.

La Défense où travaille Claudine. C'est dans l'ouest parisien que se sont installés la moitié des bureaux de l'Ile de France. Comme beaucoup, Claudine évidemment aimerait habiter près de son travail. Mais on construit deux fois moins de mètres carrés de logements que de bureaux à l'ouest, et encore chers à cause de la concurrence des bureaux.

– Question de budget. On ne peut pas… on pourrait éventuellement prendre un deux-pièces ou un trois-pièces – ce qui ne nous intéresse pas.
– C'est trop cher?
– C'est trop cher. Les prix sont **effarants**. Moi, bon j'habite l'est. Vous avez pu le voir. J'ai ce que j'ai. La même chose dans l'ouest, et Dieu sait que nous avons cherché, équivaut à trois fois le même prix, avec trois fois moins de terrain.

A l'ouest l'Etat envisage de **freiner** les bureaux, sauf si la commune construit deux fois plus de mètres carrés de logements que de bureaux. Une taxe nouvelle en tout cas servira à financer les logements. Dans Paris les entreprises publiques devront fournir des terrains gratuitement – mission sans doute difficile. Voici l'un d'eux, la zone Tolviac Masséna, terrain SNCF[2] face à Bercy. L'objectif du plan Rocard: construire 10.000 **logements sociaux** par an en Ile de France – deux fois plus qu'aujourd'hui.

Autre priorité de ce plan: l'amélioration des transports bien sûr, avec des projets qui, il faut bien le dire, se matérialiseront dans plusieurs années. Henri Bodiguel….

Entre Paris et la banlieue, le seuil de saturation est à certaines heures atteint sinon dépassé, notamment dans les transports publics. De son côté la SNCF a présenté un projet baptisé EOLE. Son objectif: multiplier par deux la capacité d'échange entre l'est et l'ouest de la capitale dans un délai d'environ six ans. La RATP[3] pour sa part a proposé le projet METEOR qui dans un premier temps vise à doubler la ligne du RER entre la Gare de Lyon et le centre de Paris. Mais une troisième solution pourrait également être envisagée en associant certaines propositions de chacun des deux projets. La circulation entre Paris et la banlieue est depuis longtemps un **cauchemar** pour les automobilistes. C'est la raison pour laquelle le gouvernement a décidé de précipiter l'achèvement du super-**périphérique**, à savoir la **rocade** A86. Le projet du gouvernement prévoit également la construction de cinq autoroutes de dégagement – des autoroutes qui pour la première fois autour de Paris seraient à péage.

[1] le RER = Réseau Express Régional
[2] la SNCF = la Société Nationale des Chemins de Fer
[3] la RATP = la Régie Autonome des Transports Parisiens

Documents télévisés: Transcription

Unité 14 Les droits de l'enfant   22.6.89   2'05"

Les enfants, ils veulent plus de liberté et plus de respect. C'est le résultat – sans surprise – d'un sondage que vient d'effectuer le secrétariat d'Etat à la Famille, auprès d'élèves de cinquième et de sixième. Alors, pour commenter ce sondage, eh bien, autant demander leurs avis aux enfants eux-mêmes. Patrick Redslob et Chantal Kimmerlin… .

Les enfants ont-ils des droits aujourd'hui? Sont-ils respectés, écoutés par les adultes? Peuvent-ils dès aujourd'hui faire certaines choses sans demander l'autorisation? Par exemple, s'habiller avec les vêtements de leur choix, dépenser leur argent comme bon leur semble?

– Que Maman comprenne mes idées, que puissent se faire des échanges de paroles. Qu'elle me considère comme une égale à elle, pas comme une inférieure.
– Pour dépenser seule mon argent, ben, il faudrait… j'ai quand même besoin de mes parents pour le dépenser, parce qu'il faut pas le dépenser n'importe comment.

A la maison les enfants sont punis quand ils font des **bêtises**. Quelquefois ils sont battus. Il y a la **gifle**, la **fessée**, plus dur encore, la ceinture. Mais il y a d'autres sortes de punitions: privés de télé, privés de sortie.

– Pourvu que ce ne soit pas une ceinture en cuir, ça ne gêne pas trop. C'est un peu trop martyr.
– Et recevoir une gifle?
– Là, je dirais que c'est acceptable. Mais pas devant tout le monde!
– Etre privée de télévision?
– Acceptable, parce que je ne regarde pas trop la télé.

Comment les enfants vivent l'école? Se sentent-ils responsables, concernés? Exemple: un élève étranger fait une grosse faute de français: toute la classe rit. Comment réagissent-ils?

– Le français, c'est un peu dur, ça c'est dur. Et même un Français peut faire une faute comme ça.
– C'est anormal, c'est injuste, parce qu'ils devraient lui dire qu'il a fait une bêtise, c'est tout. Mais non pas le blesser.

Sont-ils sensibles à l'injustice?

– Moi, pour une injustice, ce serait que mon père ou ma mère donnerait de l'aide, de l'argent de poche, et en même temps achèterait des jouets à mon frère ou ma sœur, alors que moi je n'aurais rien.
– C'est qu'un maître par rapport à moi **chouchoute** un autre élève.

Unité 15 La médecine en France   9.2.90   1'30"

Ce qui est sûr c'est qu'il y a un véritable problème des professions médicales en France. Dans les prochains jours, demain et après-demain, au Journal de 20 heures, nous allons essayer de vous faire comprendre les raisons de ce **malaise**, en prenant des exemples très concrets, en vous proposant des reportages dans plusieurs régions de France. Mais, à tout cela il y a une question préalable: Y a-t-il trop de médecins en France? Alain Labouze, premiers éléments de réponse… .

Trop de médecins, trop concentrés dans les villes, trop spécialistes: la médecine **libérale** souffre aujourd'hui de ces excès et de ces inégalités. En 10 ans, alors que la population française n'a augmenté que de 4,4%, le nombre des médecins libéraux a augmenté, lui, de plus de 50%, avec un déséquilibre au profit des spécialistes. Ils représentent aujourd'hui 45% du corps médical libéral. Du coup, la France serait en voie de surmédicalisation. En tout cas, dans certaines régions, comme l'Ile de France, ou le Sud. Mais surtout, on observe un réel malaise chez les jeunes médecins qui s'installent. La concurrence est forte, la solidarité pas toujours évidente, et les **honoraires** pour l'instant bloqués. En moyenne, les généralistes gagnent 25.000 francs par mois et les spécialistes 31.000. Mais ces revenus varient énormément d'un médecin à l'autre, avec au bas de l'échelle bien sûr les jeunes médecins. Ils sont inquiets pour leur avenir et ce d'autant plus que le nombre de médecins n'a pas fini de croître. Ils sont aujourd'hui 164.000 libéraux et salariés. Vers l'an 2010 les statistiques sont **formelles**: il seront plus de 200.000.

Unité 16 Infarctus – nouveaux traitements
11.8.88   2'36"

Bonsoir, et d'abord cet espoir pour tous les **cardiaques**. Il faut savoir qu'en France, chaque année, l'**infarctus**, la crise cardiaque, tue près de 100.000 personnes. On savait depuis quelque temps que l'aspirine était un bon médicament pour la prévention des maladies du cœur. On sait maintenant qu'il peut servir aussi dans le traitement après l'infarctus, après la crise. Il faut dans ce cas l'associer à un autre médicament. C'est le résultat d'une enquête internationale très sérieuse portant sur plus de 17.000 malades. Les conclusions de cette enquête viennent d'être publiées à Londres. Jean-Daniel Flaysakier, Jean-Jacques Le Garec… .

– Un jour, il était midi et demi, je me suis trouvée fatiguée au moment même d'être à table. Alors j'ai voulu me reposer, mais les douleurs m'ont prise dans le dos, aux épaules, les bras. Et puis alors ça m'a traversé la poitrine et puis ça m'a gagné les **maxillaires**. Et puis une transpiration abondante.

La douleur de Germaine Pierry c'était celle d'un infarctus du myocarde, étape ultime de l'obstruction des artères coronaires qui nourrissent le muscle cardiaque. Ces artères **se bouchent** progressivement à cause du dépôt de graisse: ce que l'on appelle l'**athérome**. Et puis un jour de cette plaque d'athérome se détache un petit **caillot** qui va se promener dans les vaisseaux jusqu'au moment où il va venir obstruer une artère plus petite. Le sang ne passe plus. Le muscle cardiaque meurt: c'est l'infarctus.

Pour réduire le nombre de morts à la suite d'infarctus, 400 hôpitaux à travers le monde se sont associés pour étudier un nouveau mode de traitement. Dix-sept mille malades ont ainsi reçu, dès leur arrivée à l'hôpital, un comprimé d'aspirine, et ce pendant un mois et une dose unique d'un produit appelé streptocinase. Cette enzyme tirée d'une bactérie permet de dissoudre le caillot très rapidement, en une heure environ, alors que l'aspirine donnée pendant tout le mois évite que se reconstitue une nouvelle plaque d'athérome et qu'un nouveau caillot puisse ainsi migrer.

Au bout du compte, alors qu'avec les traitements conventionnels près de 13% des malades meurent dans les cinq premières semaines suivant l'accident, grâce à ce traitement streptocinase plus aspirine, seuls 8% des malades sont morts. Un traitement qui pourrait apparaître comme miraculeux mais en fait il n'en est rien, car s'il n'est pas appliqué à temps ce traitement ne sert à rien.

– Il faut que les gens comprennent qu'il faut venir très vite dans un centre de **soins**, qu'il s'agisse d'une clinique, qu'il s'agisse d'un hôpital, et peut-être bientôt directement par le SAMU,[1] et que le traitement soit commencé le plus tôt possible.

L'infarctus tue 100.000 Français par an, dont 40.000 entre quarante et soixante-cinq ans. Avec cette nouvelle technique, aspirine plus streptocinase, on peut espérer sauver 5.000 à 7.000 personnes. Mais si les Français fumaient moins, mangeaient moins de graisse d'animal, faisaient plus d'exercice, on en sauverait encore beaucoup plus.

[1] le SAMU = Service d'Aide Médicale Urgente

Unité 17 L'informatique   13.10.89   1'38"

Plus de peur que de mal pour les ordinateurs français. Le virus qui était programmé aujourd'hui vendredi 13 pour tuer les programmes **informatiques**, ce virus a fait des ravages aux Pays-Bas, au Danemark, mais pratiquement pas en France. Moins de 1% du parc informatique a été touché. Philippe Dumez et Jacques Gérard se posent quelques questions.

Il ne s'est presque rien passé aujourd'hui. Moins de 1% des ordinateurs ont été infectés. Alors, y aurait-il eu une opération de grande **envergure** des marchands de vaccin? Ce n'est peut-être pas complètement impossible.

– Ce qui est sûr c'est que les virus existent, vendredi 13 existe…. Alors s'il n'y avait pas encore de marché de disquettes anti-virus, je crois que là maintenant il est en bonne voie, quoi.

Certains constructeurs viennent par exemple de proposer à leurs clients cette disquette à 274 francs, qui servira simplement à détecter les virus. D'autres, comme cette revue spécialisée, proposait avec son numéro de septembre une cassette anti-virus. Enfin, les magasins spécialisés en micro-informatique sont submergés de propositions.

– C'est vrai que depuis hier on reçoit des télex, ou des fax ou des mailings nous proposant de distribuer – puisqu'on est distributeur – de distribuer des programmes anti-virus, dont le prix peut varier entre 80 et 1.600 francs.

On l'a vu, même la police de La Haye vend des programmes pour détecter data-crimes. Alors, si personne ne doute du virus, celui-ci ne profite pas seulement aux pirates.

Unité 18 Robots et puces   14.2.90   1'15"

La médecine de l'an 2000, ou la chirurgie des robots. Pour la première fois en effet un robot fait son entrée dans une salle d'opération. C'est dans le service de neuro-chirurgie de Grenoble. Alors, rassurez-vous, pour l'instant le robot ne remplace pas le chirurgien, il se contente de l'aider. Il était présenté à l'UNESCO au cours du colloque du CNRS[1] consacré à l'interdisciplinarité. Alain Labouze et ses cliniques….

Un robot pour une intervention particulièrement délicate. Cet adolescent est aveugle à cause d'une tumeur au cerveau, une tumeur qu'il faut d'abord analyser dans les moindres détails. Le robot est là pour ça, pour tout mesurer, tout **repérer**. Du coup le chirurgien devient mathématicien. Ici, il calcule la meilleure trajectoire pour la biopsie. L'intervention va réussir: grâce au robot, le fragment de tumeur va arriver très vite au laboratoire. Ensuite on pourra prescrire le traitement le plus approprié et, on l'espère, le plus efficace. Avec ce robot, on touche enfin des **cibles** qu'on ne pouvait même pas atteindre auparavant. Mieux encore, dans moins de cinq ans selon les chercheurs du CNRS et de l'Université de Grenoble, le chirurgien et le robot pourront opérer dans une transparence quasi-totale, en visualisant le cerveau en trois dimensions sur un écran vidéo, et en direct.

[1] le CNRS – Centre National de la Recherche Scientifique

Documents télévisés: Transcription

Unité 19 Le marché de la télématique
                                    15.2.90   2'00"

Et maintenant, deux **cocoricos**: le premier, c'est pour les ingénieurs français avec le succès colossal du Minitel. Il y a 10 ans, personne n'y croyait vraiment. Maintenant on vient de **franchir** le cinq-millionième appareil installé par France-Télécom. Mieux, le Minitel français est un véritable précurseur: les pays étrangers commencent seulement à en avoir, et ils apprécient. L'Italie signe en ce moment même un contrat à la Cité des sciences de La Villette. Henri Hélie… .

Portatif, cinq centimètres d'épaisseur, deux kilos tout juste, c'est le petit dernier de la **gamme**. Commercialisable dès la semaine prochaine, il est surtout conçu pour les hommes pressés. Aujourd'hui, le Minitel est devenu un véritable phénomène de société sur le marché de la **télématique**. Mais qui aurait pu croire il y a 10 ans à un développement si spectaculaire, surtout le jour de la première expérimentation de l'**annuaire** électronique? C'était à Saint-Malo: il n'y avait encore que 55 utilisateurs.

– D'abord, il y a eu des études techniques. Il fallait que ça marche. Et puis, ensuite il a fallu mettre ça à la portée des utilisateurs. Donc nous avons passé pratiquement deux ans à faire des expérimentations.

Dix années ont donc passé et plus de 5.000.000 de Minitels dont 800.000 installés rien qu'en 89, soit un toutes les 10 secondes. Outre le fameux annuaire électronique, vous pouvez, en 90, obtenir plus de 12.000 services au bout des doigts et en un **clin d'oeil**.

– Il y a des gens qui pensent que toute l'information est dans le Minitel, alors qu'en fait elle est dans 12.000 services derrière le réseau. Donc ils ont vraiment l'impression d'avoir accès à une immense base de **données**, à une immense connaissance: et que tout ceci est dans une petite boîte.

– Une **foultitude** de service, en effet – grand public d'abord. Exemple: l'on peut, à trois heures du matin, consulter l'horaire du TGV Paris-Dijon, le premier avion pour Djakarta ou New York, ou bien encore un **forfait**-vacances à l'Ile Maurice. Enfin, auprès des entreprises pour des applications financières, **gestion** de stock et autres **comptabilités**.

Unité 20 Les arts et les sciences   4.1.90   2'50"

Explosif – ce que vous allez voir est explosif, même si cela se veut de l'art. Ce que vous allez voir constitue une œuvre originale, unique au monde, que signe Chantal Cottet. Cette jeune femme titulaire d'une **maîtrise** de sciences économiques est devenue une spécialiste des explosifs. C'est de cette manière que depuis 1985 elle a sculpté 70 statues. Gérard Dalmas , Jean-François Chevet… .

Voici la seule sculpture réalisée en un cinq cent millionième de seconde: explosion, dispersion. Mais Chantal Cottet fait aussi dans l'implosion: la compression **fulgurante**. D'abord elle emplit ce **bidon** d'objets également en **alu**, puis de sable. Deux heures de dosage subtil. Ecriture, déchirure sans **burin** ni ciseaux. Chantal Cottet est le seul sculpteur au monde ayant pour outil de travail un outil de destruction: l'explosif, et parfois le plus mortel. Deuxième phase, Chantal, formée par de nombreux stages avec l'armée, installe dans l'armature ce redoutable **cordeau vert** de pintrite, 7.500 mètres/seconde en vitesse de détonation. Avec **moultes** précautions, mise en place de la pièce vierge dans la cage qui lentement est descendue dans la **mare de tir**, loin de toute habitation quelque part en Seine-et-Marne.

Attention! Quelques tours de dynamo et 4.500 degrés sous l'eau. Brut de **décoffrage**, suspense, émotion: la voilà toute nue sortant des eaux.

– J'ai hâte de la dégager de cette armature parce que… elle n'est vraiment mienne qu'à partir du moment où je peux la sentir et la caresser… où je peux poser dessus mes mains… où je la sens.

Dialogue entre les énergies: le métal avec ses forces, ses faiblesses et l'explosif choisi dont Chantal a calculé les effets. C'est un arrêt sur l'image.

– C'est donc le phénomène de la déchirure qui me permet de donner cette notion d'instantané, en ce sens que la déchirure, on la voit telle qu'elle est. C'est l'instant présent. Mais on peut retrouver ce qu'elle a été – le passé. Et on a dans la déchirure même une notion de devenir. On peut imaginer l'orientation que va prendre cette déchirure. Donc en fait dans la déchirure dans mes sculptures, on retrouve donc la notion de temps qui est passé, présent et avenir.

Chantal Cottet, malgré son regard chargé de dynamite, est restée petite fille. Ce mille-feuille d'inox plissé avec des obus à charge creuse, lui a été inspiré par ses souvenirs de **Peau d'Ane**. Voici la fameuse robe couleur du temps, une robe un peu **froissée**. Trop tôt pour savoir si la voie choisie par Chantal fera des étincelles. Mais voilà en tout cas un nouveau langage de la matière.

Unité 21 Les employés des transports aériens
                                    21.6.89   2'45"

Menaces sur les départs de vacances… les départs en vacances… dans le trafic aérien. Les pilotes de ligne pourraient bien se mettre en grève le 1er juillet. Ils veulent organiser un mouvement pour attirer l'attention sur les problèmes de recrutement des pilotes. C'est vrai que ces dernières années il y a eu un boom du trafic aérien, ça on le sait, et le recrutement, et peut-être aussi la formation, des pilotes n'ont pas forcément suivi. Alain Doubesky... .

Des mains un peu crispées sur le manche, normal! Un stagiaire est aux commandes d'un biréacteur. Actuellement, ils se succèdent dans les simulateurs de vol. Pendant toute la crise pétrolière, les compagnies n'ont pas **embauché**. Or, aujourd'hui le trafic aérien prend un **essor** considérable: d'où – manque de pilotes. En particulier pour les compagnies régionales: elles éprouvent des difficultés de recrutement.

– Oui, ça devient de plus en plus difficile. Mais on dirait que quand on les a trouvés un autre vrai problème est de les garder.
– Pourquoi?
– Parce qu'ils ont tendance à être **aspirés** par les grandes compagnies qui offrent des profils de carrière et des machines considérées par les **navigants**, et c'est normal, comme plus intéressants... .

La compagnie TAT,[1] par exemple, a créé son propre centre de formation. Elle recrute premièrement des jeunes, niveau bac plus deux. La formation pour devenir pilote professionnel, capable de voler aux instruments, donc, coûte 450.000 francs, trois ans d'étude. C'est cher, mais des **facilités** sont proposées.

– Actuellement nous avons versé 10% du **montant** du stage.
– Et alors, le reste?
– Le reste est financé par la banque.
– Et qui vous sert de **caution**?
– C'est la TAT, c'est le groupe TAT qui nous sert de caution.
– En échange de quoi?
– En échange d'une promesse d'embauche. On s'engage à rester un certain nombre d'années à la TAT.

Deuxième source de recrutement: les pilotes français qui, faute d'emploi, étaient partis travailler à l'étranger. Ils gagnaient leur vie sur d'autres continents, en pilotant ce qu'ils pouvaient. Aujourd'hui il faut les former aux jets. Pour d'autres, enfin, c'est une **reconversion** totale.

– J'ai fait le métier de steward. A la suite de quoi j'ai fait une formation **complémentaire**, et je suis devenu ensuite pilote à la TAT.

Les syndicats de pilotes contestent ce type de formation. Ils la trouvent insuffisante. Corporatisme répondent les enseignants, qui ajoutent: les études proposées correspondent bien à la nouvelle réglementation des brevets et licences.

– On essaie de conserver justement la qualité par rapport à la quantité qui est demandée.
– Comment faites-vous?
– On va, disons, sur les moyens pédagogiques, et puis sur un sérieux dans la formation des instructeurs.

Pour réabsorber le retard il faudrait former 400 pilotes par an. Or, les écoles n'en proposent que 350: de quoi expliquer la présence de pilotes étrangers sur la ligne et la **grogne** des pilotes français.

[1]TAT = Touraine Air Transport, devenu Transport Aérien Transrégional

Unité 22 Le chômage   16.2.90   1'30"

(...) Troisième région touchée, la Bretagne. Pour elle ce sont la pluie trop forte et surtout les tempêtes successives. Les pêcheurs sont en première ligne. Ils ne peuvent pas sortir depuis des semaines maintenant, une sorte de chômage technique de la mer. Pour eux c'est évidemment catastrophique. Eric Perrin, Gilles Ragris, reportage à Guilvinec... .

Le bateau de Jean-Claude s'appelle Brocéliande, mais depuis quatre mois cet homme, pêcheur depuis 25 ans, est plutôt désenchanté. En temps normal, il fait 12 sorties dans le mois: il n'en a fait que 10 depuis novembre. Les **traites**, elles, ne s'arrêtent pas: 50.000 francs par mois auxquelles viennent s'ajouter des **charges sociales**.

– La situation financière du ménage... on s'en ressent. Les moindres économies qu'on a pu faire pendant le temps d'été elles y sont toutes passées. Alors maintenant on est à zéro.
– Comment vous faites pour tenir, alors?
– Ben ... on **se serre la ceinture**!

Autour de Guilvinec 2.000 marins pêcheurs sont dans la même situation que Jean-Claude. Avec les activités annexes ce sont près de 15.000 personnes qui se retrouvent de fait en chômage technique. Ce soir, le préfet du Finistère a annoncé que la pêche était déclarée «activité **sinistrée**».

– Ça signifie que pour les équipages et les personnels salariés des différentes entreprises il seront couverts pendant cette période d'**indemnités** substantielles.

Avec les difficultés des pêcheurs c'est toute l'économie locale qui est touchée. Quoi qu'il en soit, la saison ne pourra pas être rattrapée.

Unité 23 Sécurité et santé des employés
7.2.90   1'55"

Une statistique inquiétante publiée hier par le ministère du Travail: le nombre de morts dans les accidents du travail en 88. Plus de 1.000 victimes en une seule année. Cela veut dire qu'il y a trois morts et de nombreux invalides chaque jour dans les accidents sur les lieux de travail. Plus grave, ce chiffre, qui avait longtemps diminué au fil des années, se met à remonter. Et c'est dans le bâtiment que les accidents sont les plus nombreux. Christophe Martet... .

Vingt fois par jour les **sapeurs-pompiers** de Paris interviennent pour porter secours à des accidentés du travail. Dans les ateliers, les usines, les **entrepôts** mais le plus souvent sur les chantiers. C'est là où l'augmentation du nombre d'accidents a été la plus forte en 1988. Pour les professionnels, cette augmentation est liée à la reprise de l'activité et à l'arrivée des jeunes.

– On n'a pas négligé l'aspect sécurité. Disons qu'il y a de nouvelles **couches** d'**intervenants** sur les chantiers qui n'ont peut-être pas la culture, qui n'ont pas l'expérience, et qui petit à petit doivent se former… .

L'**accroissement** du secteur n'explique pas tout. Selon les syndicats, c'est une nouvelle organisation du travail qui s'est mise en place avec un recours de plus en plus massif au travail précaire.

– Actuellement on trouve sur les chantiers beaucoup de gens qui ne sont pas formés, qui ne sont pas habitués. Alors sous toute forme de contrat possible et imaginable, **intérim**, contrat à durée déterminée, **sous-traitant**, faux-sous-traitant, faux-artisan et même travail **clandestin** carrément. Tous ces gens-là sont à des postes souvent très dangereux. Vu la précarité de leur emploi, ils n'ont jamais été formés. Ils sont soumis à n'importe quelle directive. Ils n'ont pas le moyen de se défendre et donc ils n'ont pas la formation nécessaire pour éviter les accidents, pour s'habituer à travailler en sécurité.

Et les chiffres sont là. Les intérimaires sont deux fois plus souvent victimes d'accidents du travail. L'un des dossiers **épineux** sur le bureau de M. Sécurité que le gouvernement va nommer dans les jours qui viennent.

Unité 24 Vendre ses produits à l'étranger 28.2.90 3"

Le commerce extérieur de la France: en janvier un mieux, mais la balance commerciale reste déficitaire. Alors voyons la courbe… en janvier 790.000.000 de francs, on donne les corrigés de variations saisonnières, cela s'inscrit maintenant. C'est beaucoup mieux qu'en décembre, c'est vrai, mais c'est encore sous la ligne rouge. Il y a donc un déficit.

La France a toujours du mal à vendre ses produits à l'étranger. C'est pourquoi la balance commerciale, donc, penche du mauvais côté. Le problème des industriels français c'est que souvent ils ne savent pas bien s'adapter. Ils fabriquent des produits de qualité qui marchent en France, mais pas forcément dans les autres pays. Jean-Pierre Metivet, Bernard Puissesseau… **parcours du combattant** exportateur.

Le premier fauteuil qu'André Goiset a proposé aux Allemands, le voici. C'était il y a 12 ans. En France, le modèle avait déjà **fait un tabac**. Mais en Allemagne au début ça ne marchait pas du tout. A l'époque les **accoudoirs** étaient en bois.

– Les Allemands, bon, ils s'assoient un peu n'importe où. En l'occurrence, ils s'asseyaient sur les **manchettes**, et les manchettes n'étaient pas prévues à l'origine pour supporter la personne… .

– La couleur déplaisait aussi. En France la teinte chêne est marron: en Allemagne elle est gris-clair. Encore faut-il le savoir!

– On a commencé à commercialiser ça en Allemagne, exactement comme en France. On s'est aperçu que… bon on passait à travers pour des raisons qu'on connaissait mal. Et simplement en changeant de teinte et en allant voir dans des revendants de meubles on s'est aperçu que ces teintes-là passaient mieux au niveau de la clientèle allemande… .

Le petit détail qui tue… . Et ce n'était pas tout. Ensuite il a fallu durcir les **mousses**, faire que toutes les pièces **s'emboîtent** au millionième de millimètre. Aujourd'hui, la Société exporte par correspondance dans 10 pays d'Europe. Chaque pays est unique. Même les pubs sont différentes. En Italie on insiste sur le confort. En Allemagne on **écorche** l'intérieur: question de goût.

Aujourd'hui, André Goiset a un nouveau pays à problèmes: la Hollande – et il ne sait même pas pourquoi.

– On peut penser que les Hollandais sont comme les autres Européens, et non, pas du tout! Vous avez… on tourne maintenant en Allemagne, en Suisse, en Belgique, en Autriche… tous ces pays, on a des réactions qui sont un peu similaires. Mais les Pays-Bas, non. Quand on aura trouvé… ça marchera. Il faut persévérer.

André Mogg est consultant à Strasbourg. C'est à lui que s'adressent des sociétés françaises qui veulent exporter en Allemagne. Il a beau être de bon conseil, la moitié d'entre elles **échouent**. L'erreur – elles n'adaptent pas leurs produits.

– Aujourd'hui en Allemagne Fédérale, lorsqu'on travaille à la conception d'un produit on travaille en cellule européenne. On travaille avec des Français, des hommes de marketing français, italiens, espagnols, hollandais, anglais, alors que peut-être chez nous nous ne sommes pas encore à ce niveau de réflexion.

Des détails, des **peccadilles**, des petits riens: c'est ce qui peut faire échouer des investissements à l'étranger, alors même que son produit se vend très bien en France, et que l'on est persuadé de tenir ainsi le meilleur du monde.

Etudes grammaticales et lexicales: Clé

Unité 1
E.G. a Les employés de la maison du bac préparent... **2** Les employés de la maison du bac attendent... **3** Si des candidats vous demandent... **4** La maison du bac manque...

E.G. b 1 On a du mal à mettre... **2** On souffre de crises de nerfs... **3** On a créé de nouvelles options... **4** On reçoit... **5** On a imprimé...

E.L. a 1 le candidat **2** une épreuve **3** les oraux **4** le sujet **5** la copie **6** un commentaire composé

Unité 2
E.L. a 1 la qualité de votre formation **2** votre niveau d'expression écrite **3** vos points faibles **4** votre maîtrise des émotions **5** de votre extraversion

Unité 3
E.L. 1 se sont lancés **2** au lieu d' **3** renaissance **4** expérimentée **5** ludiques **6** innover

Unité 4
E.G. b 1 ne pas y aller moi-même. **2** ne pas payer la somme tout de suite... **3** ne pas téléphoner avant neuf heures. **4** ne pas encombrer la maison. **5** ne pas parler aux journalistes.

E.L. 1 il fait moins bon vivre **2** de niveau moyen, voire médiocre **3** leur ras-le-bol **4** est peu favorable **5** exiguës **6** peu nombreux

Unité 5
E.G. a 1 sera obligé de fermer ses portes. **2** elle risquerait de se rendre malade. **3** devez/devrez trouver un bon Samaritain. **4** épuiserait ses stocks en quelques heures. **5** s'ils devaient passer tout leur temps à aller chercher de l'eau. **6** jugent qu'il n'y a plus de risques.

E.G. b 1 dans, à **2** pour **3** en **4** à **5** en

Unité 6
E.G. 1 Sans investir une somme importante, les villages ne nettoieront pas leur rivière. **2** Le maire soulignera le patrimoine historique de la ville pour attirer plus de touristes. **3** Pas question de se baigner à marée basse. **4** Après avoir entendu le verdict de Brice Lalonde, les Valéricains ont interdit la baignade. **5** Les chasseurs blâment les bergers pour ne pas accepter eux-mêmes toute la responsabilité. **6** Pas question de rejeter leurs effluents ailleurs pour les villages de la Somme. **7** Après avoir lancé une nouvelle campagne publicitaire, Saint-Valéry a reçu beaucoup de visiteurs. **8** Les agriculteurs ne peuvent pas utiliser des engrais sans polluer la nappe phréatique.

E.L. balnéaire, qualité/pureté, fin, secouristes, balises, fortes, limpides

Unité 7
E.G. 1 a été gagnée par les écologistes. **2** aurait été noyée par les eaux. **3** devrait être abandonnée par Marie-Rose. **4** avait été annoncée par le gouvernement hier. **5** de deux nouveaux barrages dans un autre endroit sera annoncée. **6** est menacée.

E.L. a 1 s'est battue **2** avait mené la lutte **3** un sursis **4** faire face aux **5** se prémunir contre

Unité 8
E.L. 1 le tableau de chasse **2** l'escarcelle **3** le refuge **4** encercler **5** débusquer **6** battre la campagne

Unité 9
E.G. a 1 sera sévère **2** mèneront **3** Fera-t-on **4** Vous aurez **5** Je ne voudrai pas **6** Il faudra… **7** Nous ne parviendrons pas **8** Tu mettras

E.G. b 2 Vous ne conduirez pas trop vite. **3** Vous n'oublierez jamais votre ceinture de sécurité. **4** Vous ne grillerez jamais un feu rouge. **5** Vous entretiendrez votre véhicule. **6** Vous serez attentif aux piétons.

E.L. 1 ceintures, casques **2** excès, amende **3** suspendu **4** contravention **5** contrôle

Unité 10
E.G. 1 par rapport à **2** en début de **3** Quant aux **4** en raison de la **5** au fil des **6** en fin d'

Unité 11
E.G. 1 X **2** X, X, X **3** Les, la **4** X **5** X, la, le **6** La, les **7** X, les

E.L. a 1 L'importance du trafic **2** étaient saturés **3** La catastrophe **4** d'encombrement d'aéroports **5** reportés d'heure en heure **6** une pagaille

Unité 12
E.G. 1 Nous avons vu descendre les voyageurs/les voyageurs descendre. **2** Les manifestants ont regardé les CRS écarter les obstacles. **3** Les enfants ont entendu arriver un camion chargé de briques. **4** Maryse avait senti un chien aboyer au loin. **5** Le maire a observé les vacanciers s'installer sur le terrain de camping.

E.L. a 1 s'inquiéterait du **2** seront privés de **3** en démordre **4** profiter du **5** n'en reviennent pas

E.L. b bras de fer, opposants, bloquer, barrages, dégager, manifestants, occupation

Unité 13
E.L. 1 bureaux **2** la superficie **3** habitations **4** locaux **5** un quartier d'affaires **6** logements sociaux **7** la tour **8** le chantier

Unité 14
E.L. 1 sont contraints de **2** incarcérés **3** trimer **4** sont privés de nourriture **5** deviendront orphelins **6** insalubres

Unité 15
E.G. a 1 que **2** que **3** de **4** que **5** de, que

E.G. b 1 au **2** par **3** à, de **4** au **5** à **6** en, de, à

Etudes grammaticales et lexicales: Clé

E.L. **1** le corps médical **2** les honoraires **3** un généraliste **4** le cabinet **5** le pharmacien

Unité 16

E.G. **1** Ce traitement empêche que des hémorragies ne soient provoquées. **2** Il faut que l'équipe teste cette substance. **3** Pour que le traitement soit efficace... **4** Avant que l'ambulance arrive/n'arrive... **5** Selon les résultats préliminaires, il semble que ces substances aient un riche avenir. **6** Il semblait que Mme Pierry soit très fatiguée... **7** Les recherches se poursuivront avant que le traitement soit/ne soit commercialisé. **8** Il faut que le médecin préscrive...

E.L. douleurs, services d'urgence, cardiologue, traitement, caillot, médicament, contrôle

Unité 17

E.G. **1** en raisonnant d'une manière «intelligente». **2** espérant que la médecine serait un domaine privilégié pour l'application de ces méthodes. **3** en mettant au point 600 règles de production. **4** en s'équipant d'un de ces ordinateurs. **5** (tout en) sachant qu'ils peuvent consulter l'ordinateur s'ils ont des problèmes.

E.L. **1** une banque de données **2** formaliser **3** un usager **4** un fax **5** mettre au point

Unité 18

E.G. **a** **1** «Je te défends de sortir tout de suite.» **2** «Nous vous demandons de subventionner nos recherches.» **3** «Je vous ordonne de servir le poisson cru.» **4** «Nous vous interdisons d'utiliser de la viande achetée la veille.» **5** «Si vous êtes malade, les biocapteurs vous permettront de gérer votre santé.»

E.G. **b** **1** L'Institut de technologie permettra à l'industrie d'utiliser les laboratoires. **2** Les experts conseillent aux restaurants de choisir du poisson frais. **3** Les Japonais nous proposent de développer les biocapteurs dont nous avons besoin. **4** Le journaliste a demandé au ministre de leur faire savoir les objectifs des chercheurs. **5** Le collègue a suggéré à Henri de le rappeler le lendemain.

E.L. **1** les chercheurs **2** objectifs **3** mener des études **4** les retombées pratiques **5** l'interdisciplinarité

Unité 19

E.G. **b** **1** dès **2** en **3** par **4** en **5** dès

E.L. **1** appel téléphonique, annuaire électronique **2** cabine **3** décrochez, composez **4** télématique, usagers

Unité 20

E.G. **1** a fait **2** est sortie **3** sont tombés **4** a mis **5** ont admiré **6** sont nées **7** a acquis **8** sont devenus

E.L. **1** est bénéficiaire de **2** a le plus de succès **3** a connu un essor spectaculaire **4** d'un meilleur cru **5** spectaculaire

Unité 21

E.L. embaucher, profils, reconversion, formation, salaire, primes, déplacement, préretraite

Unité 22

E.G. **1** Depuis quand les ménages ne peuvent-ils plus faire d'économies? **2** Depuis quand Jean-Claude est-il pêcheur? **3** Depuis quand Jean-Claude ne fait-il plus 12 sorties dans le mois? **4** Depuis quand la pêche est-elle une «activité sinistrée»?

E.L. **1** nous serrer la ceinture **2** un revenu mensuel **3** des indemnités substantielles **4** la préretraite **5** a fait des économies **6** des traites

Unité 23

E.G. **1** se sont formés **2** ne s'est pas améliorée **3** se sont-ils habitués **4** se sont protégés **5** ne s'est assoupli que lentement **6** ne s'est-il pas remis

E.L. **a** **1** un intérimaire **2** un salarié **3** un faux-artisan **4** un fonctionnaire **5** un sous-traitant

Unité 24

E.G. Verbes **1** d' **2** de **3** à **4** à **5** de **6** à
E.G. Noms **1** à **2** à **3** à **4** du **5** à **6** des

E.L. **1** échouent **2** déplaisait **3** avait fait un tabac **4** ne marchait pas du tout **5** passait à travers.

Protesting pupils scorn a career in the classroom

Après avoir étudié l'Unité 4 («Le manque de professeurs»), lisez l'article du journal anglais, et répondez aux questions.

1. Résumez la carrière d'Isabelle Leguy en 50-70 mots.
2. Comment étaient les écoliers qu'elle a connus à Ivry?
3. Comparez les lycées d'Ivry et de Crépy-en-Valois.
4. Donnez deux raisons pour les manifestations des lycéens.
5. Comparez le nombre de lycéens dans les classes en France et en Angleterre.
6. Pourquoi faudra-t-il plus de professeurs en France dans un proche avenir?
7. Résumez ce qu'Isabelle Leguy dit sur le salaire des professeurs (en moins de 50 mots).

Maintenant, traduisez en français les deux premiers paragraphes de cet article.

Protesting pupils scorn a career in the classroom

France
By Robert Cottrell

ISABELLE LEGUY, a high-school teacher of English, says: "When we talk about future careers with the older pupils and you ask if anybody wants to be a teacher, they start sniggering. A lot of them think that you become a teacher because you have failed everywhere else."

Yet despite her view that respect for France's teachers is declining, both in the classroom and in society, Miss Leguy, 26, says she enjoys her job. For the past three years she has been teaching at a *lycée* (senior high school) in Crepy-en-Valois, a medium-size market town 50 miles north-east of Paris. Before that, as a trainee teacher, she spent a year at Ivry, a suburb of Paris.

At Ivry, she experienced the sort of problems which have given rise to the pupil-protest movement sweeping France. "It was rather tough... the pupils did not want to learn. They were from difficult backgrounds, there was a lot of trouble in their families, they lived in cramped flats. So, at school, they tended to be rough."

But she moved only because she was told to. "You cannot choose in France. Once you have passed the examination to become a teacher, you are sent somewhere. Of course, you are asked where you would prefer to go and then a choice is usually made from among those places."

The *lycée* at Crepy-en-Valois is newer, cleaner and friendlier than Ivry. The Crepy pupils went "on strike" last month, but to express solidarity rather than to protest against local grievances. "It can be a difficult relationship with pupils, but here they are not too bad. On the whole, we respect them and they respect us."

Like many teachers and parents, Miss Leguy understands and sympathises with the objectives of the thousands of *lycée* pupils who have taken to the streets almost daily since mid-October. The protest movement began with demands for better security measures at inner-city schools and has become a generalised demand for more money to be spent on education and for more attention to be paid to pupils.

A high priority, she believes, is reducing the size of classes. The number of *lycée* pupils has risen sixfold during the past three decades, twice the growth-rate of the teaching staff. "We have as many as 42 students in one class, which is quite a lot. A teacher from England, who came here three weeks ago, told us that he had 12 students in his sixth form. We were amazed. I have one sixth-form class with 33 students in it. That is quite common."

The need for more teachers will grow increasingly urgent if the government maintains its goal that 80 per cent of pupils should be educated to *baccalaureat* (university-entry) level by the year 2000. The proportion in 1989 was 43.3 per cent.

Miss Leguy considers that pay for teachers is not bad compared with average wages in France. "But if you compare yourself with people who have studied as long as you have, then you feel it is unfair that they should earn much more money than we do." A well-qualified high-school teacher just beginning his or her career in France earns about £10,680 a year, and one approaching retirement about £23,400.

Miss Leguy says she could be earning up to twice as much in a private school. She believes money to be the main reason why so few of her pupils want to teach.

"Doctors and lawyers are more respected. I am not saying that teachers are not respected at all, but when you compare this with other professions, it is very different mainly because they earn more money. It is a question of money," she says.

Heseltine wins EC reprieve on dirty beaches

Après avoir étudié l'Unité 6 («La propreté des plages»), lisez l'article du journal anglais, et répondez aux questions.

1. Pourquoi est-ce que la Commission de la CEE voulait intenter un procès à la Grande-Bretagne?
2. Qu'est-ce que le ministère de l'Environnement britannique cherche à faire?
3. Les plages britanniques seront propres quand?
4. Résumez le but scientifique des projets en ce qui concerne les effluents et les déchets.
5. Combien de plages britanniques sont en situation irrégulière par rapport aux lois de la CEE?

Traduisez en français les deux paragraphes *This programme is expected ... discharged into the sea*.

Heseltine wins EC reprieve on dirty beaches

By Boris Johnson, EC Correspondent, Brussels

THE EUROPEAN Commission was ready to drop court charges against Britain for excess sewage on almost 140 beaches after intensive lobbying last night by Mr Heseltine, the Environment Secretary. Mr David Trippier, junior Environment Minister, said it was a "great Christmas present" for the Government.

The move follows an effort to persuade Brussels officials that the Environment Department is doing everything to bring the beaches up to standard as quickly as possible.

Britain is in breach of a 1985 EC directive on acceptable limits for sewage bacteria, which can cause bathers severe gastric and other illnesses.

The Government originally told the Commission that all beaches would be sufficiently clear of human sewage only by the year 2000.

But Mr Heseltine is understood to have told Signor Carlo Ripa di Meana, European Environment Commissioner, that new plans mean it should be possible to finish even difficult cases by 1997.

Mr Heseltine said: "I believe this is probably the most ambitious plan in Europe, and I have explained to Commissioner Ripa di Meana that this represents a major advance on our previous plans."

Britain will be the first European country to be let off the charges, which are pending against all Community countries except Portugal, which has a temporary exemption.

The plans involve spending £1·4 billion on "long-sea outfalls" at a large number of British beaches, to take sewage so far out that it is unlikely to be brought back on the tide, but is broken down by the natural action of waves and sunlight.

This programme is expected to bring most beaches within acceptable hygiene limits by 1995. The Government is also spending £1·5 billion on a separate programme in nine areas where there are major technical difficulties.

There the plan is to build treatment plants which will destroy bacteria by ultra-violet rays before the pulped sewage is discharged into the sea.

Mr Trippier said his conversations with the Commissioner made him confident that the action would be dropped. Three beaches, at Blackpool, Formby and Southport, are already the subject of court proceedings, and another 133 break EC law.

Zut! Very fast trainstoppers!

Après avoir étudié l'Unité 12 («Tracés du TGV») lisez l'article du journal anglais, et répondez aux questions.

1 Quels élus locaux de la Provence iront protester au gouvernement français, et pourquoi?

2 Expliquez les idées des deux groupes qui s'opposent.

3 Faites le portrait de Francis Wishart (en moins de 80 mots).

4 Quelle était l'attitude du maire d'Aix-en-Provence à l'égard du TGV?

5 Le mouvement mené par Francis Wishart a-t-il attiré beaucoup d'adhérents?

6 Décrivez l'attitude de la SNCF.

Traduisez en français le dernier paragraphe.

Zut! Very fast trainstoppers!

What goes at 200mph and is the pride of France? The Train à Grande Vitesse. What's big and noisy and has Provence up in arms? The Train à Grande Vitesse. **Nicholas Faith** reports.

PROVENCE is in revolt – again. The home of the *maquis*, the guerrillas who fought the Germans, has a tradition of alienation from the central government in Paris. Now the region has exploded in opposition to plans for extending France's pride and joy, the ultra-fast TGV (Train à Grande Vitesse) south from Lyons to the Mediterranean.

A cabinet meeting in Paris next Wednesday has been targeted for a demonstration of Provençal pride and anger. Senators, deputies (MPs), mayors and local worthies from all five *départements* (counties) involved will attend as will representatives from across the political spectrum – from the Communists to a regional group that split from Jean-Marie le Pen's National Front. This *manif* (demonstration) is the culmination of a movement that has been responsible for delayed trains and large protests all year.

Here collide two visions of France: on the one hand, speeding south on a tight schedule powered by the traditional high-handedness of French centralised bureaucracy, the TGV, perceived the world over as the most outstanding symbol of the country's technological prowess; on the other, the Provençals, inhabitants of one of the country's most beautiful regions, who feel they are being ridden over roughshod.

For all the row's Frenchness, however, there is something new. For the first time, an entire region has adopted the 'not in my back-yard' mentality so familiar in Britain. At its centre is an Englishman, Francis Wishart. It was Wishart who set the ball rolling. Even though he was born in St Tropez, speaks perfect French with a slight Provençal accent, has a French wife and sends his children to local schools, he epitomises a peculiarly British concept: that the state is not automatically all-powerful, that protest can be effective, that discontent with a government proposal need not result, as normally happens in France, in an authoritarian *diktat* or some form of backstairs political deal.

Wishart was able to counter the automatic defeatism, the feeling, to use the words of one local politico, that 'the mayor of Aix, or any other town of 150,000 people for that matter, cannot halt the advance of the TGV'. As Wishart himself says: 'At first no one wanted to believe that it could be stopped. But I'd already been involved with a number of other environmental groups in successfully opposing a golf course, which in fact was just an excuse for a major property development.'

Although Wishart, a rather fey and impractical figure, is no organiser, his passion and eloquence touched a chord in the whole of Provence. His first meeting, in early January, attracted almost a thousand people and within a few weeks he found himself secretary of an organisation grouping dozens of local defence groups. This is now presided over by a local professor, Gérard Perrier, who is 'conscious of enjoying the immense privilege of living in one of the most beautiful regions of France'.

As the year has progressed the protesters have gone from strength to strength. This has not been welcomed by the national railway organisation, Société Nationale des Chemins de Fer (SNCF), whose tight timetable is based on the assumption that the process of compulsory acquisition will be completed by the end of next year.

It is almost seven years since the first TGV between Paris and Lyons opened, and it was successful enough to encourage SNCF to plan an ever more ambitious network. Trains are already running at 200mph on the TGV-Atlantique towards Brittany; by 1993, the TGV-Nord will take travellers from Paris to the Chunnel, and to Belgium and Germany; by 2000, the TGV could be running through most of the country. Since most of France has actively lobbied for access to the TGV, SNCF was totally unprepared for the Provençal storm.

> *The TGV is perceived the world over as the most outstanding symbol of France's technological prowess*

Parisian cure for rush-hour blues

Après avoir étudié l'Unité 13 («Réaménagement de la région parisienne»), lisez l'article du journal anglais, et répondez aux questions.

1. Quelle sera l'importance du pont Charles de Gaulle?
2. Pourquoi la circulation devra-t-elle s'intensifier dès 1993?
3. Donnez des précisions sur deux «grands travaux» prévus pour l'est parisien.
4. Qui va payer les travaux sur le boulevard périphérique?
5. Pourquoi y a-t-il tant d'embouteillages autour de Paris, selon l'article?
6. Qu'est-ce qu'un «axe rouge»? Quels problèmes ce nouveau système a-t-il entraînés?

Traduisez en français le paragraphe *The Mayor of Paris.... jobs for 50,000 workers.*

Parisian cure for rush-hour blues

From Robert Cottrell in Paris

PARIS is to build its 36th bridge across the Seine, as a centrepiece to the French capital's most far-reaching programme of urban renewal since Haussmann.

The planned Pont Charles de Gaulle will stand alongside the Pont d'Austerlitz, and will carry both traffic and a light railway shuttle linking Gare d'Austerlitz to Gare de Lyon. It is scheduled to open in the autumn of 1993, just in time to accommodate the flood of new traffic likely to be associated with the vast redevelopment of the upstream riverbanks of the 12th and 13th *arrondissements*.

The first of the east Paris *grands travaux*, the Economics and Finance Ministry at Bercy, is already open on the Right Bank. Across the river, the site of the new FF 5bn (£526m) Bibliothèque de France, which will boast four 300ft glass towers, is being cleared at Tolbiac. Over the next 10 years, a new TGV high-speed railway station, a university, a new interior ministry and houses for 15,000 Parisians will be erected alongside the library, providing jobs for 50,000 workers.

The Mayor of Paris, Jacques Chirac, has also announced a preliminary plan to double the capacity of the southern half of the Boulevard Périphérique, the city's inner ring road, by authorising a private sector consortium to build a subterranean toll road from the Porte de Bagnolet in the east to the Porte d'Auteuil in the west. The Périphérique is used by 1.1 million vehicles each day, making it France's busiest road. The new subterranean section may cost about FF 10bn to build, to be recouped by charging motorists about 30 pence a mile for a franchise period of 50 years.

At present, traffic on the Périphérique moves at an average of 20mph during busy periods. The Paris authorities hope the proposed toll road will not only raise that speed, but in doing so encourage motorists to stick to the Périphérique rather than cutting across the city centre. About 1.6 million vehicles go in and out of Paris each day, although in theory its roads can accommodate only 120,000 at any one time. Rush-hour traffic jams of five to ten miles are commonplace on the motorways leading into the city.

To help ease the pressure on main through-routes within central Paris, the city council is in the process of drawing up a 60-mile system of *axes rouges*, on which parking is forbidden at all times. This has in turn created pressure for new legal parking spaces, about 15,000 of which are now being set aside.

Call for action on computer viruses

Après avoir étudié l'Unité 17 («L'informatique), lisez l'article du journal anglais, et répondez aux questions.

1. Qu'est-ce que les spécialistes de l'informatique veulent, et pourquoi?
2. Quelles sont les conséquences des virus?
3. Comparez la situation de la Grande-Bretagne avec celle des Etats-Unis ou du Japon.
4. Quel secteur du marché est le plus touché en Grande-Bretagne?
5. Comment les informaticiens proposeraient-ils de financer un centre spécialisé?

Traduisez en français les deux paragraphes *At a meeting this month.... new strains arriving.*

Call for action on computer viruses

By Christine McGourty, Technology Correspondent

A NATIONAL centre to combat computer viruses is needed to prevent the problem getting out of control, scientists said yesterday.

Members of the Department of Computer Science at Heriot Watt University want the Government to fund a Malicious Software Control Centre. The aim is to limit damage caused by the rapidly-increasing number of viruses and other dangerous forms of computer software known as logic bombs, worms and Trojan Horses. These can destroy data stored in computers and disrupt businesses for days.

At a meeting this month of computer experts in Hamburg it was predicted that within 18 months the number of known viruses and other forms of malicious software affecting IBM-type computers alone could increase from 250 to 1,000.

One of the main functions of the proposed centre would be to coordinate study of new viruses. "The problem is analysing them as they appear," said Mr David Ferbrache, the prime mover behind the proposal. " There are too many new strains arriving."

He said that unless Britain had such a centre it could be left out of international networks being set up to tackle the problem. The United States and Japan are already setting up computer virus centres.

"The problem is we've no central UK response and that loses us a lot of credibility when we're collaborating internationally," he said.

Lack of awareness of viruses and the damage they can cause is the main problem in Britain, he said. "Trying to get the computer community to realise the danger and take precautions is quite difficult."

Small and medium-size businesses were the main problem.

Mr Ferbrache warned of new types of computer viruses more dangerous than those seen so far: "There are quite a lot of techniques that haven't yet been exploited."

The growth of computer networks over which viruses can travel easily is exacerbating the problem.

The Department of Trade and Industry is expected to decide soon about a detailed feasibility study of the proposed centre. Scientists believe initial government funding could be gradually replaced with funds from industry. It is expected to cost £100,000 annually to run.

Ready for a change

Après avoir étudié l'Unité 21 («Les employés des transports aériens»), lisez l'article du journal anglais, et répondez aux questions.

1 Le Nouvel An donne quelle idée à bien des employés?

2 Quelle est la question la plus difficile lors d'une interview?

3 Est-ce que tous les futurs employés d'une compagnie posent les mêmes questions?

4 Qu'est-ce qu'il faut découvrir quant au salaire?

5 Si l'on vous offre une voiture, que faut-il demander?

6 Le journaliste vous conseille-t-il de poser des questions à propos du chômage?

Traduisez en français les deux paragraphes *Many people will need.... for the Christmas period.*

Ready for a change, but try asking some questions first

HOW WAS your first week back at work? If your job holds even less attraction for you than it did before Christmas, you will not be alone. Many people approach the new year with a simple resolution: whatever else happens, I must get a new job.

Of course, the middle of a recession isn't exactly the easiest time to change jobs. However, if you are examining your options how do you plan to react to perhaps the most difficult of all interview questions ... "And are there any questions you would like to ask us?"

According to accountants KPMG Peat Marwick McLintock, too few interviewees make the best of this opportunity. Besides work-related questions (will I have a chance to travel/learn about marketing/become a director?), there are numerous financial aspects to consider.

The extent of these questions is highlighted in a new booklet from the human resources division of Peat Marwick, which suggests 20 questions one should ask prospective employers.

What matters to you as an employee will depend very much on the job you are being considered for. If you are in the fortunate position of being head-hunted to join the board of ICI, you are unlikely to be worried about the provision of luncheon vouchers to staff.

Conversely, share options are a great attraction to senior managers in public companies, but of little importance to a secretary who is only intending to stay for a year or two.

One common concern is pay. Obviously, you will want to know what salary you will be taken on at. But you should also find out how pay increases are awarded — and how often. Is the salary structure graded? Does the company operate a performance-related pay scheme? Is there a bonus scheme or a profit-sharing scheme? How do you benefit?

Pensions is another important area often neglected, particularly by younger people. However, Peter Robinson, an executive consultant with Peat Marwick Human Resources Consultants, says he is frequently surprised at the knowledgeability of potential executive recruits.

Many people will need professional financial advice to evaluate the pension scheme they are proposing to join — and to assess how they stand to lose by leaving their previous scheme. It is also worth finding out whether the company provides private medical insurance, life insurance, or permanent health insurance.

You should also ask about holiday entitlements. See if there are any restrictions on taking days off, and find out if there are special arrangements for the Christmas period.

Two of the most popular employee benefits are company cars and subsidised mortgages. Would you be entitled to either of these? Would you have any choice over the model of car? Is free petrol provided?

Peat Marwick also suggest you should inquire whether you will receive luncheon vouchers and whether the company has a sandwich bar or staff restaurant.

If you are feeling bold, you might even ask about redundancy payments — though this would hardly indicate the positive frame of mind that most employers are supposedly looking for. However, in the present climate you could be forgiven for wanting to know where you stand.

Details from KPMG Peat Marwick McLintock 071 235 8000.

Paul Durman